Beck-Rechtsberater

Testamentsvollstreckung

dtv

Beck-Rechtsberater

Testamentsvollstreckung

Richtig anordnen, durchführen
und kontrollieren

Von Bernhard F. Klinger und Wolfgang Roth

3. Auflage

dtv

www.dtv.de
www.beck.de

Originalausgabe

dtv Verlagsgesellschaft mbH & Co. KG,
Tumblingerstraße 21, 80337 München

Druck und Bindung: Druckerei C.H. Beck, Nördlingen
(Adresse der Druckerei: Wilhelmstraße 9, 80801 München)
Satz: ottomedien, Darmstadt
Umschlaggestaltung: Design Concept Krön, Puchheim,
unter Verwendung eines Fotos von GettyImages
ISBN 978-3-423-51224-4 (dtv)
ISBN 978-3-406-71731-4 (C. H. Beck)

9 783406 717314

Vorwort zur 3. Auflage

Der Testamentsvollstreckung kommt als wichtiges Instrument der erbrechtlichen Gestaltung in der Praxis eine zunehmend große Bedeutung zu. Wenn der Erblasser befürchtet, dass seine Erben bei der Nachlassverteilung in Streit geraten können oder die von ihm angeordnete Nachlassverteilung nicht reibungslos über die Bühne geht, dass seine Erben (noch) nicht die für die Verwaltung des Nachlasses erforderliche Sachkunde oder Erfahrung haben, sollte die Abwicklung des letzten Willens einem fachlich qualifizierten und integren Testamentsvollstrecker übertragen werden. Der verantwortungsvolle Erblasser, der eine Konfrontation unter den Miterben vermeiden will, wird deshalb eine Testamentsvollstreckung anordnen und eine zuverlässige Person als Testamentsvollstrecker bestimmen.

Der vom Erblasser berufene Testamentsvollstrecker wird dafür Sorge tragen, dass er nicht zum Feind der Erben wird, sondern begleitend, führend und diese schützend tätig wird und so dem letzten Willen des Erblassers Geltung verschafft. Als fremdnütziger und unparteiischer Sachwalter kann er die tatsächliche und rechtliche Herrschaft über den Nachlass zum Wohle der Erben ausüben. Bis zur Freigabe des Nachlasses übt der Testamentsvollstrecker sein Amt gegenüber den Erben kooperativ, Streit vermeidend und gemäß den Vorgaben des Erblassers aus.

Dieser Ratgeber vermittelt in leicht verständlicher Form die Grundlagen einer Testamentsvollstreckung und erläutert die Rechte und Pflichten des Testamentsvollstreckers. Zahlreiche Mustertexte gewährleisten, dass die gewünschte Testamentsvollstreckung wirksam angeordnet werden kann. Das Buch richtet sich auch an Testamentsvollstrecker, die nach Annahme des Amtes Hilfestellung und Unterstützung für ihre Amtstätigkeit suchen. Expertentipps erleichtern die praktische Umsetzung.

München, Juni 2018 *Bernhard F. Klinger* (www.Advocatio.de)
Obrigheim, Juni 2018 *Wolfgang Roth* (www.erbrechtsexperte.de)

Inhaltsübersicht

Inhaltsverzeichnis

1. Kapitel

Vor- und Nachteile einer Testamentsvollstreckung

I. Vorteile einer Testamentsvollstreckung

1. Erleichterung der Nachlassabwicklung

Niemand sollte die Nachlassabwicklung unterschätzen. Die Aufgabe ist keineswegs einfach und umfasst viele Schritte. Viele Dinge sind zu veranlassen und zu beachten: Sicherung des Nachlasses, Wohnungsauflösung, Sichtung aller Unterlagen, Erstellung des Nachlassverzeichnisses, Klärung aller bestehenden privaten und geschäftlichen Vertragsbeziehungen, Einziehung fälliger Forderungen, Bezahlung von Rechnungen, Erfüllung von Auflagen und Vermächtnissen, notwendige Kündigungen, Konten- und Grundstücksumschreibungen, Unterbringung von Haustieren, Überwachung aller Fristen, Abgabe der Erbschaftsteuererklärung.

Aus unterschiedlichen Gründen können die Erben diese Angelegenheiten oft nicht selbst erledigen: Wer im Beruf voll gefordert ist, hat meist keine Zeit für Behördengänge. Junge und unerfahrene oder minderjährige Erben können die Nachlassabwicklung genauso wenig übernehmen wie Erwachsene im Alters- oder Krankheitsfall. Weit entfernt, z. B. im Ausland wohnende Personen sind in der Regel nur schwer in der Lage, alle anfallenden Aufgaben zu erledigen. Vor allem bei einem großen und wertvollen Nachlass wird ein geschulter und erfahrener Testamentsvollstrecker die Hinterbliebenen entlasten, beraten und unterstützen können.

2. Friedensstiftung

Entsteht durch den Todesfall eine **Erbengemeinschaft**, können die Erben den Nachlass nur gemeinschaftlich verwalten. Bei wesentlichen Entscheidungen gilt das Prinzip der Einstimmigkeit. Viele Verwandte haben sich im Zuge der Erbauseinandersetzung schon zerstritten, weil sie selbst nebensächliche Dinge nicht regeln konnten.

Ganz anders ist das bei einer Testamentsvollstreckung. Die Fäden laufen bei einer Person zusammen, die zu Objektivität und Neutralität verpflichtet ist und häufig auch bei aufkommendem Streit oder zwischen den Fronten vermitteln kann. Vorschläge eines Testamentsvollstreckers finden eher die Zustimmung aller Beteiligten als die Wunschvorstellungen von verfeindeten Familienmitgliedern, die miteinander nicht mehr reden können.

3. Durchsetzung des Erblasserwillens

Testamentsvollstrecker setzen die Anweisungen und Richtlinien des Verstorbenen nach dem Wortlaut und **Geist seines Testaments** um. Sie kümmern sich darum, dass sämtliche **Auflagen** und **Vermächtnisse** auch wirklich erfüllt werden. Manchmal ist die Testamentsvollstreckung sogar über einen längeren Zeitraum sinnvoll.

Mit einer Anordnung, die dies vorschreibt, kann der Erblasser den Nachlass der Verwaltung der Erben (befristet) entziehen, um das von ihm erschaffene Vermögen zu schützen. Die Testamentsvollstreckung kann beispielsweise die voreilige Liquidierung wertvoller Immobilien oder die rasche Zerschlagung eines gesunden Familienunternehmens verhindern.

4. Schutz Minderjähriger

Immer wieder kommt es vor, dass Eltern mit ihrem Vermögen **minderjährige** Kinder absichern wollen. In diesem Fall reicht es jedoch nicht aus, die Kinder als Erben einzusetzen. Um das Erbe vor dem Zugriff deren gesetzlichen Vertreters zu schützen, bietet es sich an, dass der Erblasser Testamentsvollstreckung anordnet. Die Person, die mit dieser Aufgabe betraut wird, ist dann bei Rechtsgeschäften weder auf die Zustimmung des gesetzlichen Vertreters noch auf die Beteiligung des Vormundschaftsgerichts angewiesen.

5. Schutz Behinderter

Wenn ein Behinderter, der in einem Heim lebt, eine Erbschaft erhält, droht in der Regel der **„sozialhilferechtliche Rückgriff"**. Der Sozialhilfeträger, der die Kosten für die Pflege und Unterbringung trägt, fordert regelmäßig die Liquidierung des Erbes zur Erstattung der von ihm erbrachten Leistungen. Die Anordnung einer Testamentsvollstreckung kann die baldige Aufzehrung des empfangenen Vermögens verhindern, da der Nachlass des Behinderten dann vor einem Zugriff etwaiger Gläubiger, und damit auch des Sozialhilfeträgers geschützt ist.

6. Schutz des Erben vor seinen eigenen Gläubigern

Manchmal steht der Testierende vor der Frage, wie er den künftigen Nachlass vor den Gläubigern des Erben schützen kann. Die Testamentsvollstreckung bietet eine effektive Möglichkeit, den **Zugriff solcher Gläubiger auf den Nachlass** abzuwehren. Nachlass, welcher einer Testamentsvollstreckung untersteht, ist gem. § 2214 BGB bereits von Gesetzes wegen dem Gläubigerzugriff entzogen. Daher drängt es sich geradezu auf, zu Gunsten eines überschuldeten Erben Testamentsvollstreckung anzuordnen. Der Testamentsvollstrecker ist sogar nach der Rechtsprechung verpflichtet, sich notfalls gerichtlich gegen Gläubiger des Erben, dessen Nachlass er dauerhaft verwaltet, zu wehren.

II. Nachteile einer Testamentsvollstreckung

1. Machtfülle des Testamentsvollstreckers

Der Testamentsvollstrecker hat eine **freie Stellung gegenüber den Erben**:

- Er verwaltet den Nachlass (§ 2205 BGB), unter Umständen in Form einer Dauervollstreckung (§§ 2209, 2210 BGB),
- er kann Verbindlichkeiten für den Nachlass eingehen (§§ 2206, 2207 BGB),
- die Erben können über Nachlassgegenstände nicht verfügen (§ 2212 BGB),
- der Testamentsvollstrecker bewirkt die Auseinandersetzung des Nachlasses (§ 2204 BGB),
- der Erbe erhält lediglich bei Beginn der Amtstätigkeit ein Nachlassverzeichnis (§ 2215 BGB) und danach nur eine jährliche Rechnungslegung (§ 2218 BGB),
- der Erbe hat zwar Anspruch auf eine ordnungsgemäße Nachlassverwaltung (§ 2216 BGB), deren Inhalt und Umfang aber relativ unbestimmt ist,
- bis zur Teilung des Nachlasses erhält der Erbe grundsätzlich keine liquiden Mittel oder Nachlassgegenstände.

2. Keine gerichtliche Kontrolle

Der Testamentsvollstrecker unterliegt im Rahmen seiner Amtsführung **keiner Kontrolle des Nachlassgerichts**. Das Gericht kann ihm daher nicht durch einstweilige Anordnung ein konkretes Handeln untersagen oder durch Ordnungsstrafen zur Führung seiner Geschäfte anhalten. Einzelheiten hierzu finden sich im 6. Kapitel III.

Eine nicht ordnungsgemäße Nachlassverwaltung löst allenfalls Schadenersatzansprüche (§ 2219 BGB) aus, die zivilrechtlich gegen den Testamentsvollstrecker durchgesetzt werden müssen. Im Ausnahmefall droht dem Testamentsvollstrecker eine Entlassung (§ 2227 BGB), die aber oft erst im Rahmen eines langwierigen nachlassgerichtlichen Verfahrens durchgesetzt werden muss. Einzelheiten zum Entlassungsverfahren finden sich im 3. Kapitel X. 2. c).

Praxishinweis:

Der Erblasser hat die Möglichkeit, in seiner letztwilligen Verfügung den **Aufgabenkreis des Testamentsvollstreckers** genau zu beschreiben oder auch eng zu fassen. Erben, die sich zu den ihnen zustehenden Rechten fachlich beraten lassen, können den Testamentsvollstrecker durch Informations-, Auskunfts- und Rechenschaftslegungsansprüche im Sinne einer sorgfältigen Amtswahrnehmung sensibilisieren.

3. Vergütungsanspruch des Testamentsvollstreckers

Dem Testamentsvollstrecker steht gem. § 2221 BGB eine **angemessene Vergütung** zu, die im Falle einer Dauervollstreckung die Erträge des Nachlasses aufzehren kann. Bei großen Nachlässen besteht die latente Gefahr, dass der Testamentsvollstrecker die Abwicklung seiner Aufgaben mit „begrenzter Energie angeht", um sich unter Umständen ein lebenslanges Einkommen zu sichern.

Der Erblasser hat es in der Hand, im Rahmen seiner letztwilligen Verfügung eine – sowohl für den Erben, als auch für den Testamentsvollstrecker – faire, dem Umfang und der Schwierigkeit der Amtsführung gerecht werdende Vergütung anzuordnen. „Übermäßige" Sparsamkeit des Erblassers bei der Bestimmung der Testamentsvollstreckervergütung wird dazu führen, dass sich kaum jemand findet, die oft umfangreichen und haftungsträchtigen Aufgaben zu übernehmen. Einzelheiten zur angemessenen Vergütung des Testamentsvollstreckers finden sich im 3. Kapitel VIII.

4. Zeitverlust bis zur Amtsannahme

Das Amt des Testamentsvollstreckers beginnt erst mit der förmlichen Annahme (§ 2202 BGB). Zwischen Erbfall und **Amtsannahme** kann – gerade wenn widersprüchliche oder auslegungsbedürftige letztwillige Verfügungen des Erblassers vorhanden sind – ein erheblicher Zeitraum verstreichen, in dem der Nachlass handlungsunfähig ist. Einzelheiten zur Amtsannahme finden sich im 6. Kapitel I.

Praxishinweis:

Die – oft kritische – Anlaufphase der Testamentsvollstreckung kann der Erblasser überbrücken, wenn er neben der Testamentsvollstreckung einer Vertrauensperson (die mit dem Testamentsvollstrecker personenidentisch sein kann) eine **trans- oder postmortale Vollmacht** erteilt. Einzelheiten hierzu finden sich im 2. Kapitel III. 1.

5. Pflichtteilsrisiko

Testamentarische Erben, die zum Kreis der pflichtteilsberechtigten Personen im Sinne von § 2303 BGB gehören (also Abkömmlinge, Ehegatten und Eltern), können sich gem. § 2306 BGB den Wirkungen einer Testamentsvollstreckung durch **Ausschlagung des Erbteils** entziehen und stattdessen ihren **Pflichtteil** verlangen. Dieser – sofort mit dem Erbfall fällige – Geldanspruch kann zu einer nicht unbeträchtlichen finanziellen Belastung des Nachlasses führen.

Praxishinweis:

Das Pflichtteilsrisiko kann der Erblasser durch einen – beurkundungspflichtigen – **Pflichtteilsverzicht** vollständig ausschließen oder zumindest durch **Pflichtteilsanrechnungs- bzw. Pflichtteilsstrafklauseln** deutlich begrenzen.

2. Kapitel

Testament zur Anordnung einer Testamentsvollstreckung

I. Arten der Testamentsvollstreckung

Eine Testamentsvollstreckung kann ausschließlich durch ein Testament oder einen Erbvertrag angeordnet werden. Abhängig von der Aufgabe, die der Erblasser dem Testamentsvollstrecker übertragen will, werden verschiedene **Arten der Testamentsvollstreckung** unterschieden:

- Abwicklungsvollstreckung (§§ 2203, 2204 BGB)
- Verwaltungsvollstreckung (§ 2209 S. 1, 1. Halbsatz BGB)
- Dauertestamentsvollstreckung (§ 2209 S. 1, 2. Halbsatz BGB)
- Vermächtnisvollstreckung (§ 2223 BGB)
- Testamentsvollstreckung mit beschränktem Aufgabenkreis (§ 2208 BGB)
- Erbteilsvollstreckung
- Nacherbenvollstreckung (§ 2222 BGB).

1. Abwicklungstestamentsvollstreckung

Den gesetzlichen Regelfall (§§ 2203, 2204 BGB) stellt die Testamentsvollstreckung zur **Abwicklung** des Nachlasses dar. Der Testamentsvollstrecker hat hierbei die **Aufgabe**,

- die letztwilligen Anordnungen des Erblassers (wie z. B. Vermächtnisse, Auflagen, Teilungsanordnungen) auszuführen (§ 2203 BGB),
- bei einer Erbengemeinschaft den Nachlass auseinanderzusetzen, also nach den Vorgaben des Erblassers bzw. den gesetzlichen Bestimmungen aufzuteilen
- und Nachlassverbindlichkeiten zu erfüllen.

Der Testamentsvollstrecker hat die Auseinandersetzung des Nachlasses alsbald nach Eintritt des Erbfalles zu bewirken. Versäumnisse können zu einer Schadenersatzhaftung führen und seine Entlassung gem. § 2227 BGB rechtfertigen.

Die Abwicklungsvollstreckung **endet** – ohne formale Erklärung des Testamentsvollstreckers oder Mitwirkung des Nachlassgerichts – automatisch mit vollständiger Abwicklung des Nachlasses.

Praxishinweis:

Der Erbe verliert durch die Testamentsvollstreckung seine **Verfügungsbefugnis** über den Nachlass (§ 2211 BGB). Das bezieht sich auch auf die Veräußerung oder Belastung eines Nachlassgrundstücks. Sobald das Grundstück durch Umschreibung des Eigentums auf den Erben berichtigt ist, wird ein **Testamentsvollstreckervermerk** ins Grundbuch eingetragen. Damit ist das Grundbuch für den Erben gesperrt (§ 52 GBO). Der Erbe muss sich damit abfinden, dass der Testamentsvollstrecker nach den Vorgaben des Erblassers tätig wird; **Weisungen** kann der Erbe dem Testamentsvollstrecker nicht erteilen.

Mustertext „Abwicklungsvollstreckung“

Ich ordne Testamentsvollstreckung an. Der Testamentsvollstrecker hat die Aufgabe, meine obigen Anordnungen auszuführen und den Nachlass abzuwickeln. Hierzu hat er alle gesetzlich zulässigen Befugnisse.

2. Verwaltungstestamentsvollstreckung

Bei einer **Verwaltungsvollstreckung** (§ 2209 S. 1, 1. Halbsatz BGB) hat der Testamentsvollstrecker lediglich die Aufgabe, den Nachlass zu verwalten; die Abwicklung des Nachlasses gehört hierbei nicht zu den Aufgaben des Testamentsvollstreckers und erfolgt durch die Miterben. In der Praxis wird eine Verwaltungsvollstreckung etwa angeordnet, bis **Minderjährige** volljährig werden oder ein bestimmtes Lebensalter erreicht haben. Ein weiterer Anwendungsfall ist die so genannte **Pflichtteilsbeschränkung in guter Absicht** (§ 2338 BGB), deren Zweck es ist, bei überschuldeten oder verschwenderischen Kindern durch eine Art „Zwangsfürsorge" den Nachlass der Eltern für die Abkömmlinge zu erhalten.

Da die Abwicklungsvollstreckung den gesetzlichen Regelfall darstellt, muss der Erblasser die einfache Verwaltungsvollstreckung ausdrücklich in seiner letztwilligen Verfügung anordnen.

Mustertext „Verwaltungsvollstreckung"

> Ich ordne Testamentsvollstreckung an. Der Testamentsvollstrecker hat die Aufgabe, den Erbteil meiner Tochter...... bis zu deren Volljährigkeit zu verwalten.

3. Dauertestamentsvollstreckung

Bei einer Dauertestamentsvollstreckung (§2209 S. 1, 2. Halbsatz BGB) hat der Testamentsvollstrecker die Aufgabe, zunächst den Nachlass abzuwickeln und danach zu verwalten. Diese **Kombination aus Abwicklungs- und Verwaltungsvollstreckung** endet gem. § 2210 S. 1 BGB spätestens mit Ablauf von **30 Jahren** seit Eintritt des Erbfalls, es sei denn, der Erblasser hat die Dauertestamentsvollstreckung in seiner letztwilligen Verfügung ausdrücklich zeitlich begrenzt oder das Ende an eine Bedingung geknüpft.

Gem. § 2210 S. 2 BGB kann der Erblasser die Dauertestamentsvollstreckung auch über 30 Jahre hinaus ausdehnen, wenn er anordnet, dass die Verwaltung bis zum Tod des Erben oder bis zum Tod des Testamentsvollstreckers oder bis zum Eintritt eines anderen Ereignisses in der Person der Erben bzw. des Testamentsvollstreckers fortdauern soll.

BEISPIEL: Der geschiedene Erblasser E setzt seine zehnjährige Tochter T als Alleinerbin ein und ordnet Testamentsvollstreckung bis zum Tod seiner Tochter an. Ein Jahr später erleidet E im Alter von 40 Jahren einen tödlichen Verkehrsunfall. Seine Tochter T erreicht ein Lebensalter von 90 Jahren. In diesem Fall dauert die Testamentsvollstreckung also 50 Jahre. Da die Alleinerbin somit zeitlebens wegen der Testamentsvollstreckung nie über die ihrer angefallenen Erbschaft frei verfügen konnte, stellt sich die Frage, ob eine derartige Ausdehnung der Testamentsvollstreckungsdauer nicht sittenwidrig i. S. d. § 138 BGB ist. Nach der Rspr. müssen zur Annahme einer **Sittenwidrigkeit** noch weitere Umstände hinzukommen, da § 2210 S. 2 BGB die Möglichkeit der Ausdehnung der Testamentsvollstreckung über die 30 Jahre hinaus ausdrücklich vorsieht.

Der Erblasser kann den Testamentsvollstrecker in seiner letztwilligen Verfügung ermächtigen, selbst **seinen Nachfolger zu ernennen** und sogar festlegen, dass auch der Nachfolger wiederum einen Nachfolger bestimmen kann. Hat nun der Erblasser angeordnet, dass die Testamentsvollstreckung mit dem Tod des Testamentsvollstreckers endet, könnte sich hieraus eine jahrzehntelange Verwaltungsvollstreckung durch nacheinander eingesetzte Testamentsvollstrecker ergeben. Der BGH hat aber im so genannten „**Kronprinzenfall**" entschieden, dass eine derartige Dauertestamentsvollstreckung mit dem Tod desjenigen Testamentsvollstreckers erlischt, der innerhalb von 30 Jahren seit dem Erbfall ernannt wurde.

Mustertext „Dauertestamentsvollstreckung"

Ich ordne Testamentsvollstreckung an. Der Testamentsvollstrecker hat die Aufgabe, meine obigen Anordnungen auszuführen und den Nachlass abzuwickeln. Er hat weiter die Aufgabe, die danach dem Erben zufallenden Gegenstände, wozu auch die Surrogate (Ersatzobjekte, Erlöse) gehören, bis zur Vollendung des 27. Lebensjahres des Erben zu verwalten und sodann an den Erben herauszugeben.

Alternative 1:

Die Verwaltung endet mit dem Tod meiner Tochter.... als meiner alleinigen Erbin.

Alternative 2:

Die Vollstreckung endet mit dem Tod des Testamentsvollstreckers.

Zum Testamentsvollstrecker können auch **juristische Personen** (wie z. B. Banken) eingesetzt werden. In diesem Fall besteht aber für den Erblasser nicht die Möglichkeit, die Testamentsvollstreckung über die 30 Jahresgrenze hinaus auszudehnen (vgl. § 2210 S. 3 in Verbindung mit § 2163 Abs. 2 BGB).

Eine angeordnete Dauertestamentsvollstreckung kann vom Erben nicht dadurch beseitigt werden, indem er gem. § 2216 Abs. 2 BGB beim Nachlassgericht die **Außerkraftsetzung** beantragt, da es sich bei der Anordnung einer Dauertestamentsvollstreckung nicht um eine „Verwaltungsanordnung" im Sinne des § 2216 Abs. 2 BGB handelt.

4. Vermächtnisvollstreckung

Der Erblasser kann in seiner letztwilligen Verfügung einer bestimmten Person einen Vermögensvorteil (z. B. Geldbetrag, Eigentumswohnung, Wohnrecht, Hausrat) zuwenden, ohne ihn als Erben einzusetzen (§ 1939 BGB). Ordnet der Erblasser an, dass der Testamentsvollstrecker **unter anderem** die Aufgabe hat, dieses Vermächtnis zu erfüllen, so liegt der Regelfall einer **Abwicklungsvollstreckung** vor.

Bestimmt dagegen der Erblasser, dass der Testamentsvollstrecker **lediglich** die Aufgabe der Vermächtniserfüllung hat, liegt eine **Testamentsvollstreckung mit beschränktem Aufgabenkreis** (§ 2208 BGB) vor. Die Verwaltungs- und Verfügungsbefugnis des Testamentsvollstreckers beschränkt sich dann ausschließlich auf den Vermächtnisgegenstand; sonstige Nachlassgegenstände werden hiervon nicht erfasst.

Den Problemen einer Vermächtniserfüllung kann der Erblasser durch vorausschauende Testamentsgestaltung entgegentreten. Er kann in seinem Testament den **Vermächtnisnehmer selbst zum Testamentsvollstrecker einsetzen**, dem dann allein die Aufgabe obliegt, die (eigene) Vermächtniserfüllung umzusetzen.

Mustertext „Testamentsvollstreckung zur Vermächtniserfüllung"

> Als Vermächtnis erhält Herr...... meine Briefmarkensammlung. Allein zur Erfüllung dieses Vermächtnisses setze ich Herrn...... als Testamentsvollstrecker ein. Er hat allein die Aufgabe, sich diese Sammlung selbst zu Eigentum zu übertragen.

Eine **Vermächtnisvollstreckung** (§ 2223 BGB) liegt dagegen nur dann vor, wenn der Erblasser dem **Vermächtnisnehmer** bestimmte Beschwerungen (wie z. B. ein Untervermächtnis, Auflagen oder ein Nachvermächtnis) auferlegt hat und die Anordnung der Vollstreckung dazu dienen soll, die Ausführung dieser Beschwerungen sicherzustellen.

BEISPIEL: Der Erblasser wendet eine wertvolle Kunstsammlung einem Vermächtnisnehmer zu, der diese für einen bestimmten Zeitraum unentgeltlich einem Museum zur Verfügung stellen soll. Zur Sicherung dieses Untervermächtnisses ordnet er Testamentsvollstreckung an.

Mustertext „Vermächtnisvollstreckung"

> Ich setze meinen Sohn als Alleinerben ein. Meine Kunstsammlung bestehend aus...... wende ich im Wege des Vermächtnisses der Stiftung...... zu. Ich beschwere den Vermächtnisnehmer mit dem Untervermächtnis, meine Kunstsammlung für die Dauer von drei Jahren dem Museum...... unentgeltlich zur Verfügung zu stellen.
> Zur Sicherung der Durchführung dieses Untervermächtnisses ordne ich, beschränkt auf diesen Aufgabenkreis, Testamentsvollstreckung an.

5. Gegenständlich beschränkte Testamentsvollstreckung

Dem Erblasser steht es frei, die Testamentsvollstreckung auf **bestimmte Nachlassgegenstände** zu beschränken.

Mustertext „Gegenständlich beschränkte Testamentsvollstreckung"

> Ich ordne Testamentsvollstreckung an. Diese erstreckt sich nur und ausschließlich auf mein Mietshaus in...... Mein sonstiger Nachlass unterfällt nicht der Testamentsvollstreckung.

6. Erbteilsvollstreckung

Hat der Erblasser mehrere Personen als Miterben eingesetzt, so kann er anordnen, dass die Testamentsvollstreckung sich **nur auf einen Erbteil** erstreckt. Der Testamentsvollstrecker nimmt dann innerhalb der Erbengemeinschaft alle Rechte und Pflichten des beschwerten Erben wahr. Die Erbteilsvollstreckung ist möglich als reine Auseinandersetzungs- oder auch als Verwaltungsvollstreckung.

Mustertext „Erbteilsvollstreckung"

> Zu meinen Erben setze ich meinen Sohn...... und meine Tochter...... ein. Ich ordne Testamentsvollstreckung an, die sich jedoch nur auf den Erbteil meines Sohnes...... erstreckt.

7. Nacherbenvollstreckung

Der Testierende kann sein Vermögen mittels Anordnung einer Vor- und Nacherbschaft (§ 2100 BGB) über zwei oder mehrere Generationen hinweg vererben. Hierzu bestimmt er, dass sein Vermögen zunächst einer Person zukommen soll (= **Vorerbe**), legt aber gleichzeitig bereits fest, wer die Vorerbschaft nach dieser Person bekommen soll (= **Nacherbe**). Vor- und Nacherbe sind also Erben desselben Erblassers, allerdings zeitlich aufeinander folgend.

Durch die Anordnung einer Vor- und Nacherbschaft kann der Erblasser verhindern, dass die Substanz seines Nachlasses vom Erben verbraucht wird. Die Vorerbschaft bildet in der Hand des Vorerben ein **Sondervermögen**, das er von seinem eigenen Vermögen getrennt zu verwalten hat. Dem Vorerben gebühren lediglich die Nutzungen (z. B. Miet- oder Kapitalzins) der Vorerbschaft. Zum Schutz des Nacherben unterliegt der Vorerbe verschiedenen **Verfügungsbeschränkungen**. So darf der Vorerbe Grundstücke, Häuser und Eigentumswohnungen, die sich im Nachlass befinden, nur mit Zustimmung des Nacherben veräußern oder belasten (§ 2113 Abs. 1 BGB).

Zur Wahrung der Rechte und Pflichten des Nacherben gegenüber dem Vorerben während der Dauer der Vorerbschaft kann der Erblasser eine **Nacherbenvollstreckung** (§ 2222 BGB) anordnen. Diese beschränkt aber nicht den Vorerben, da der Nacherbentestamentsvollstrecker lediglich die Rechte des Nacherben bis zum Eintritt des Nacherbfalles wahrnimmt.

Praxisrelevant ist eine Nacherbentestamentsvollstreckung z. B. bei einem Nacherben, der **minderjährig**, noch nicht geboren oder derzeit unbekannt und damit während der Dauer der Vorerbschaft nicht voll handlungsfähig ist.

Mustertext „Nacherbenvollstreckung"

> Ich ordne Nacherbentestamentsvollstreckung gem. § 2222 BGB an. Der Nacherbenvollstrecker hat während der Dauer der Vorerbschaft die Rechte und Pflichten des Nacherben wahrzunehmen. Mit Eintritt des Nacherbfalls endet die Nacherbentestamentsvollstreckung.

Kein Fall des § 2222 BGB liegt vor, wenn der Erblasser anordnet, dass der Testamentsvollstrecker den Nachlass **für den Vorerben** bis zum Eintritt des Nacherbfalls und **danach für den Nacherben** verwaltet. Möglich ist auch eine Anordnung des Erblassers, wonach die Testamentsvollstreckung **nur für den Nacherben ab Eintritt des Nacherbfalls** gilt. Dies sind Fälle der normalen Testamentsvollstreckung und nicht des § 2222 BGB.

Davon zu unterscheiden ist auch der Fall, dass die Testamentsvollstreckung **nur den Vorerben während der Vorerbschaft** beschränken soll und damit den Nacherben nicht tangiert. Auch dies ist eine normale Testamentsvollstreckung und kein Fall des § 2222 BGB.

Praxishinweis:

Setzt der Erblasser eine **minderjährige** Person zu seinem Nacherben ein, ist es ratsam, nicht nur einen Nacherbentestamentsvollstrecker für die Zeit der Vorerbschaft, sondern auch für die Zeit danach eine Testamentsvollstreckung für die Nacherbschaft anzuordnen (z. B. bis der Nacherbe ein bestimmtes Alter erreicht hat).

II. Die Person des Testamentsvollstreckers

Der Erfolg der Testamentsvollstreckung steht und fällt mit der damit beauftragten Person. Das Amt erfordert neben **der fachlichen Kompetenz** ein hohes Maß an **Sorgfalt, Entscheidungs-, Durchsetzungs- und Überzeugungskraft** sowie die **Fähigkeit zum Ausgleich** und **innere Unabhängigkeit**. Das Risiko, dass ein Testamentsvollstrecker seine Macht missbraucht oder jedenfalls nicht immer nur zum Nutzen des hinterlassenen Vermögens einsetzt, liegt auf der Hand. Ein Angehöriger oder ein Miterbe als Testamentsvollstrecker – das birgt von Haus aus Zündstoff. Der Vorwurf, der Testamentsvollstrecker verhalte sich parteilich, kommt in diesen Fällen meist sehr schnell auf.

Streit zwischen den Erben lässt sich durch Einsetzung einer **neutralen** Person vermeiden: Der Nachlass kann dann vom Testamentsvollstrecker mit einem hohen Maß an persönlicher und sachlicher Distanz als Vermittler zwischen verfeindeten Erben abwickelt werden. Ein juristischer Laie ist zudem in der Regel mit der umfangreichen und komplizierten Nachlassabwicklung überfordert und für den Schaden, den er verursacht, in vollem Umfang selbst haftbar. Sie finden erfahrene, im Bereich der Testamentsvollstreckung zertifizierte **Fachanwälte für Erbrecht** im Internet unter **www.NDTV.info**.

Hat der Erblasser zwar Testamentsvollstreckung angeordnet, aber keine Person benannt, bestimmt das **Nachlassgericht** einen außenstehenden Dritten als Testamentsvollstrecker, den weder der Erblasser noch die Erben kennen und deshalb nicht immer vertrauen. Dasselbe gilt, wenn zwar im Testament ein Testamentsvollstrecker bezeichnet ist, jedoch keine Ersatzperson benannt ist für den Fall, dass der gewünschte Testamentsvollstrecker vor oder nach der Annahme seines Amtes wegfällt (oder das Amt niederlegt). Dann kann es sogar vorkommen, dass das Nachlassgericht gar niemanden mehr benennt und dadurch die gesamte Testamentsvollstreckung wegfällt.

Praxishinweis:

Es ist sinnvoll, nicht nur einen Testamentsvollstrecker einzusetzen, sondern auch einen **Ersatztestamentsvollstrecker** . Für den Fall, dass die an erster Stelle als Testamentsvollstrecker eingesetzte Person das Amt nicht antreten kann oder will, ist sichergestellt, dass eine andere Vertrauensperson des Erblassers den letzten Willen des Verstorbenen erfüllt.

Mustertext „Bestimmung des Testamentsvollstreckers "

Zum Testamentsvollstrecker ernenne ich ......, geboren am......, wohnhaft in......
Sollte der Testamentsvollstrecker das Amt nicht annehmen oder vor oder nach dem Erbfall wegfallen, dann soll der Vorstand des Netzwerks Deutscher Testamentsvollstrecker e. V. (www.NDTV.info) einen geeigneten Testamentsvollstrecker bestimmen und dies dem Nachlassgericht mitteilen.

III. Testamentsvollstreckung und Vollmachten

Eine vom Erblasser erteilte Vollmacht kann die Zeitspanne zwischen dem Erbfall und der Erteilung des Erbscheins bzw. des Testamentsvollstreckerzeugnisses überbrücken und möglicherweise – bei einfach gelagerten Nachlässen – die Anordnung einer Testamentsvollstreckung sogar entbehrlich machen.

1. Vollmacht des Erblassers

a) Arten der Vollmacht

Bei Vollmachten, die der Erblasser einem Dritten erteilt, kann wie folgt unterschieden werden:

- **Umfang der Vertretungsmacht: Spezialvollmacht** nur für bestimmte Angelegenheiten oder eine **Generalvollmacht** für alle Angelegenheiten.
- **Dauer der Vertretungsmacht: Transmortale Vollmacht**, die der Erblasser noch zu seinen Lebzeiten erteilt und über seinen Tod

hinaus wirkt oder **postmortale Vollmacht** , die erst mit dem Erbfall wirkt.

Praxishinweis:

Eine trans- oder postmortale Vollmacht kann die Nachlassabwicklung bei **Erbfällen mit Auslandsberührung** erleichtern, da das Institut der Testamentsvollstreckung in ausländischen Erbrechtsordnungen meist anders als im deutschen Erbrecht geregelt ist. Hierbei muss aber beachtet werden, dass einige Staaten postmortale Vollmachten (wie z. B. in Belgien, Frankreich und Luxemburg) oder transmortale Vollmachten (wie z. B. Griechenland, Spanien oder Ungarn) nicht anerkennen oder sie von Vereinbarungen, Erklärungen oder Formvorgaben (wie z. B. in Österreich und Italien) abhängig machen.
Anstelle einer **vom Erblasser** erteilten Vollmacht können **die Erben** dem Testamentsvollstrecker eine Vollmacht erteilen. Hierzu stellt die Kommission für europäische Angelegenheiten der internationalen Union des lateinischen Notariats eine **Internationale Nachlassvollmacht** zur Verfügung, die von den meisten europäischen Staaten anerkannt wird und in die wichtigsten europäischen Sprachen übersetzt ist. Diese kann über die Bundesnotarkammer, Moorenstr. 34, 10117 Berlin bezogen werden.

b) Form der Vollmacht

Die Vollmacht kann vom Erblasser noch zu seinen Lebzeiten grundsätzlich **formfrei** (§ 167 Abs. 2 BGB) erteilt werden. Soll die Vollmacht aber auch in Grundbuchsachen oder im Zusammenhang mit Gesellschaften eingesetzt werden, bedarf es einer **Beglaubigung** der Vollmacht (vgl. § 29 GBO, § 2 Abs. 2 GmbHG). Vorsorglich sollte der Erblasser neben seiner privatschriftlichen Vollmacht eine gesonderte **Bankvollmacht** unter Verwendung der einschlägigen Vordrucke der Banken und Sparkassen verwenden. Hierbei ist darauf zu achten, dass diese Formulare über den Tod hinaus wirken.

Eine postmortale Vollmacht kann der Erblasser auch **in seiner Verfügung von Todes wegen** erteilen. Da eine Vollmacht als empfangsbedürftige Willenserklärung aber erst mit Zugang beim Bevollmächtigten wirksam wird, muss der Erblasser sicherstellen, dass die in einer letztwilligen Verfügung enthaltene Vollmacht dem Bevollmächtigten auch zugeht. Gem. § 130 Abs. 2 BGB ist dies auch nach dem Tod des Vollmachtgebers möglich.

Praxishinweis:

Muss der Bevollmächtigte im Rechtsverkehr die Vollmachtsurkunde zum Nachweis seiner Vertretungsmacht vorlegen, stellt sich das Problem, dass das **Original** der letztwilligen Verfügung nach dem Erbfall bei den Nachlassakten verbleibt. Bei einer notariell beurkundenden Verfügung von Todes wegen kann der Notar angewiesen werden, den Bevollmächtigten nach dem Erbfall eine Ausfertigung auszuhändigen. Da die Erteilung der Vollmacht im Testament somit eher unzweckmäßig ist, empfiehlt es sich für den Erblasser, die trans- oder postmortale Vollmacht **außerhalb** seines Testamentes zu erteilen.

c) Umfang der Vollmacht

Der vom Erblasser eingesetzte Bevollmächtigte vertritt unmittelbar mit Eintritt des Erbfalls die Erben, allerdings nur hinsichtlich des Nachlasses, **nicht** auch bezüglich ihres **Privatvermögens**. Der Bevollmächtigte muss im Rechtsverkehr erkennen lassen, dass er nicht für sich, sondern für die Erben handelt. Beschränkungen des Umfangs der Vertretungsmacht können sich aus besonderen Anordnungen des Erblassers, aus dem **Verbot des Selbstkontrahierens** (§ 181 BGB) und aus dem **Verbot des Vollmachtmissbrauchs** ergeben.

d) Widerruf der Vollmacht

Ein gewisser Nachteil der trans- oder postmortalen **Vollmacht** ist, dass diese von den Erben ab Eintritt des Erbfalls **widerrufen** werden kann, während die **Testamentsvollstreckung** von den Erben nur im Ausnahmefall eines **Entlassungsantrages** (§ 2227 BGB) beseitigt werden kann. Eine Besonderheit der Vollmacht ist weiter, dass die Erben trotz Vollmachtserteilung weiter im eigenen Namen handeln können, während diese bei der Testamentsvollstreckung grundsätzlich ihre Verwaltungs- und Verfügungsbefugnisse über den Nachlass verlieren. Die Rechtsstellung des Testamentsvollstreckers, dem zusätzlich Vollmacht erteilt wurde, kann der Erblasser aber dadurch stärken, dass die Beibehaltung der Vollmacht den Erben zur Auflage gemacht wird, deren Einhaltung vom Testamentsvollstrecker überwacht wird. Möglich ist auch, dass die Erfüllung dieser Anordnung zur Bedingung für die Beibehaltung der Erbenstellung gemacht wird.

Mustertext „Vollmacht für den Testamentsvollstrecker"

Zur Verstärkung seiner Position erteile ich dem Testamentsvollstrecker hiermit zugleich eine Vollmacht, die ihn vom Zeitpunkt meines Ablebens an ermächtigt, in meinem Namen mit Wirkung für und gegen meine Erben zu handeln. Durch Auflage verpflichte ich die Erben, die Vollmacht zu dulden und nicht zu widerrufen, solange das Testamentsvollstreckeramt besteht.
Der Testamentsvollstrecker ist als Bevollmächtigter von den Beschränkungen des § 181 BGB befreit und nicht an den Nachweis der ordnungsgemäßen Verwaltung des Nachlasses gem. § 2216 BGB gebunden. Diese Befreiungen gelten insbesondere, soweit Unternehmen und Unternehmensrechte in meinen Nachlass fallen und soweit der Testamentsvollstrecker im Rahmen der Verwaltung des Nachlasses neue Unternehmen oder Geschäftsanteile an solchen für die Erben erwerben will.

Praxishinweis:

Der Testamentsvollstrecker kann kraft seines Amtes **kein Handelsgeschäft** führen. Er kann Verbindlichkeiten nur für den Nachlass, nicht für die Erben persönlich eingehen. Könnte der Testamentsvollstrecker das Unternehmen für die Erben fortführen, würde ein Unternehmen mit lediglich beschränkter Haftung entstehen, ohne dass die Aufbringung und Erhaltung eines Haftungskapitals gewährleistet wäre. Zur Lösung des Konflikts zwischen Erbrecht und Handelsrecht wird u. a. die sog. „**Vollmachtslösung**" vorgeschlagen, bei der der Testamentsvollstrecker das Handelsgeschäft als Bevollmächtigter der Erben führt. Einzelheiten hierzu finden sich im 3. Kapitel IX.

2. Vollmacht der Erben

Die **Erben selbst** können zwar keine Testamentsvollstreckung anordnen, aber einem Dritten – also auch einem der Miterben – die Verwaltung des Nachlasses übertragen und ihm eine Vollmacht erteilen. Der Erblasser kann dies fördern, indem er die Erben durch aufschiebend bedingte Vermächtnisse, durch auflösend bedingte Erbeinsetzungen oder durch Auflage zur Erteilung einer solchen Vollmacht veranlasst.

Praxishinweis:

Eine Vollmachtserteilung durch die Erben empfiehlt sich z. B. bei komplexen Nachlässen oder einer Vielzahl von Erbbeteiligten (Erben, Vermächtnisnehmern), wenn der Erblasser entweder keine letztwillige Verfügung errichtet oder darin keine Testamentsvollstreckung angeordnet hat.

Unterschiede zwischen Testamentsvollstreckung und Vollmacht

- Die Testamentsvollstreckung beginnt mit Amtsannahme (§ 2202 BGB). Die postmortale Vollmacht beginnt mit dem Tod des Vollmachtgebers; die transmortale Vollmacht wirkt über den Erbfall hinaus.
- Die Erben können zwar eine Vollmacht, nicht aber einer Testamentsvollstreckung widerrufen.
- Der Testamentsvollstrecker hat die ausschließliche Verwaltungs- und Verfügungsbefugnis über den Nachlass, während die Erben neben dem Bevollmächtigten konkurrierend handeln können. Die Befugnisse des Testamentsvollstreckers sind in den §§ 2205 ff. BGB normiert, während die Vertretungsmacht des Bevollmächtigten nur über die Vollmacht begrenzt werden kann.
- Die Testamentsvollstreckung endet in der Regel spätestens nach 30 Jahren, während für die Bevollmächtigung keine gesetzliche Zeitgrenze besteht.
- Die Testamentsvollstreckung schützt den Nachlass vor den Eigengläubigern des Erben (§ 2214 BGB), während die Bevollmächtigung keinen Gläubigerschutz bewirkt.

- Die Testamentsvollstreckung schützt den Nachlass auch vor einem Zugriff der Erben (§ 2211 BGB), während bei einer Bevollmächtigung die Erben frei auf den Nachlass zugreifen können.

3. Kapitel

Pflichten des Testamentsvollstreckers

Der Testamentsvollstrecker unterliegt kraft Gesetz verschiedenen **Pflichten**. Verletzt der Testamentsvollstrecker diese Obliegenheiten gegenüber den Erben, so haftet er für etwaige Schäden mit seinem Privatvermögen (§ 2219 BGB). Einzelheiten zur Schadensersatzhaftung finden sich im 3. Kapitel VII und im 4. Kapitel V.

Übersicht „Pflichten des Testamentsvollstreckers"

- **Erstellung eines Nachlassverzeichnisses**. Zunächst muss der Testamentsvollstrecker den Erben unverzüglich – d. h. sofort nach dem Erbfall und sobald er den Umfang des Vermögens übersieht – ein Verzeichnis der zum Nachlass gehörenden Vermögensgegenstände und der möglichen Schulden des oder der Verstorbenen zukommen lassen (§ 2215 BGB). Jeder Erbe kann verlangen, dass er bei der Aufstellung des Nachlassverzeichnisses hinzugezogen wird. Einzelheiten hierzu finden sich im 3. Kapitel III. 2.
- **Auskunfts- und Rechenschaftspflicht**. Der Testamentsvollstrecker ist den Erben gegenüber verpflichtet, Auskünfte über seine Tätigkeit zu geben und nach ihrem Ende Rechenschaft abzulegen (§§ 2218 und 666 BGB). Ein Recht auf Zustimmung des oder der Erben zu einzelnen Maßnahmen der Vermögensverwaltung gibt es hingegen nicht. Ein Testamentsvollstrecker tut jedoch gut daran, vor dem Abschluss größerer Geschäfte die Zustimmung der

Erben einzuholen. Am Ende seines Amtes ist er rechenschaftspflichtig und wenn er grobe Fehler beging, haftet er persönlich gegenüber den Erben. Einzelheiten hierzu finden sich im 4. Kapitel I, II.

- **Sorgfältige Nachlassverwaltung**. Der Testamentsvollstrecker muss sein Amt gewissenhaft und sorgfältig führen und das ihm anvertraute Vermögen nicht nur erhalten, sondern möglichst auch vermehren (§ 2216 BGB). Schenkungen darf der Testamentsvollstrecker nicht vornehmen, es sei denn, es handelt sich um Anstands- oder Pflichtschenkungen (§ 2205 S. 3 BGB). Der Testamentsvollstrecker darf auch keine Geschäfte mit sich selbst abschließen, also keine Gegenstände aus dem Nachlass käuflich erwerben (§ 181 BGB), es sei denn, dies wird ihm durch testamentarische Anordnung gestattet. Einzelheiten zur Nachlassverwaltung finden sich im 3. Kapitel III. 3.
- **Abgabe der Erbschaftsteuererklärung**. Der Testamentsvollstrecker hat gem. § 31 Abs. 5 ErbStG die Erbschaftsteuererklärung auf einem amtlichen Vordruck beim zuständigen Erbschaftsteuerfinanzamt abzugeben. Er muss dabei die Erben auch im Hinblick auf lebzeitige Schenkungen des Erblassers befragen und ggf. in die Erbschaftsteuererklärung mit aufnehmen. Sollten sich die Erben dabei unkooperativ zeigen, sollte auf jeden Fall Fristverlängerung beim Erbschaftsteuerfinanzamt beantragt werden (§ 109 Abs. 1 AO). Einzelheiten hierzu finden sich im 3. Kapitel V. 1.
- **Bezahlung der Erbschaftsteuer**. Der Testamentsvollstrecker hat auch für die Bezahlung der Erbschaftsteuer zu sorgen (§ 32 Abs. 1 S. 2 ErbStG). Damit korrespondiert sein Recht, den erforderlichen Betrag aus dem Nachlass zu nehmen. Einzelheiten hierzu finden sich im 3. Kapitel V. 1. c).

I. Sofortmaßnahmen nach Amtsannahme

Sobald der Testamentsvollstrecker von seiner Ernennung erfahren hat, müssen von ihm relativ kurzfristig wichtige Entscheidungen und Sofortmaßnahmen getroffen werden. Gerade Privatpersonen sind an dieser Aufgabe zunächst völlig überfordert und laufen so

Gefahr, sich haftpflichtig gegenüber den Erben zu machen. Der Testamentsvollstrecker muss sich nicht nur einen raschen Überblick über die maßgeblichen letztwilligen Verfügungen des Erblassers verschaffen, sondern auch über die am Erbfall beteiligten Personen (also Erben, Vermächtnisnehmer, Auflagenbegünstigte und Nachlassgläubiger) um dann zu entscheiden, ob er das eben angetragene Amt überhaupt annehmen will. Entschließt er sich hierzu, muss er unverzüglich folgende **Sofortmaßnahmen** einleiten:

1. Inbesitznahme des Nachlasses

Der Testamentsvollstrecker ist gem. § 2205 S. 2 BGB nicht nur berechtigt, die **Nachlassgegenstände in Besitz** zu nehmen, sondern hierzu auch verpflichtet, da der Erbe aufgrund der Testamentsvollstreckung den Nachlass nicht verwalten kann. Da wegen der Fiktion des § 857 BGB der Besitz an den Nachlassgegenständen zunächst auf den Erben übergeht, muss der Testamentsvollstrecker sich den unmittelbaren Besitz an den Nachlassgegenständen verschaffen, die seiner Testamentsvollstreckung unterliegen. Er wird dadurch unmittelbarer Besitzer, der Erbe mittelbarer Besitzer. Weigert sich der Erbe, muss der Testamentsvollstrecker notfalls Klage auf Besitzübertragung erheben. Befinden sich Nachlassgegenstände bei dritten Personen, sind sie dort herauszufordern.

Praxishinweis:

Bei der Inbesitznahme von Immobilien, insbesondere von Wertgegenständen, empfiehlt es sich, ein **Protokoll** – gegebenenfalls in Anwesenheit eines Zeugen – zu erstellen.

Für die **Herausgabeklage** des Testamentsvollstreckers ist nicht das Nachlassgericht, sondern das Prozessgericht zuständig. Da eine Erbengemeinschaft den unmittelbaren Besitz gemeinschaftlich ausübt und nur einheitlich herausgeben kann (§ 2040 BGB), sind diese im Prozess notwendige Streitgenossen (§ 62 ZPO).

Mustertext „Herausgabeklage des Testamentsvollstreckers gegen den Erben"

> Der Beklagte (Erbe bzw. Erbengemeinschaft) wird verurteilt, folgende zum Nachlass des am (Datum) in (Ort) verstorbenen (Name) gehörenden Gegenstände an den Kläger (Testamentsvollstrecker) herauszugeben:
>
> a) Das Grundstück in (Ort, Straße, Hausnummer), vorgetragen im Grundbuch des Amtsgerichts. . . . . . für. . . . . . Band. . . . . . Blatt. . . . . .
>
> b) Den PKW. . . . . . Modell. . . . . ., Kennzeichen. . . . . ., Fahrgestellnummer. . . . . .
>
> c) . . . . . .

Kennt der Testamentsvollstrecker die Zusammensetzung des Nachlasses nicht oder nur teilweise, kann er vom Erben bzw. dem besitzenden Dritten gem. § 260 Abs. 1 BGB **Auskunft**, gegebenenfalls Versicherung der Richtigkeit der Auskunft gem. § 260 Abs. 2 BGB verlangen. Nach Auskunftserteilung kann der Testamentsvollstrecker die einzelnen Nachlassgegenstände heraus verlangen. Diese drei Ansprüche können gem. § 254 ZPO im Wege der Stufenklage verbunden werden.

Mustertext „Stufenklage des Testamentsvollstreckers gegen den Erben"

> Der Beklagte (Erbe oder Erbengemeinschaft) wird verurteilt,
>
> a) dem Kläger (Testamentsvollstrecker) Auskunft über den Bestand des Nachlasses des am (Datum) in (Ort) verstorbenen (Name) und über den Verbleib der Nachlassgegenstände zu erteilen,
>
> b) erforderlichenfalls an Eides statt zu versichern, dass der Bestand des Nachlasses nach bestem Wissen so vollständig angegeben wurde, wie der Beklagte hierzu im Stande ist,
>
> c) an den Kläger die nach Erteilung der Auskunft noch zu bezeichnenden Nachlassgegenstände herauszugeben.

Der beklagte Erbe kann gegenüber dem Herausgabeanspruch des Testamentsvollstreckers **einwenden**, dass

- der Gegenstand nicht der Testamentsvollstreckung unterliege,
- der Testamentsvollstrecker sie sofort wieder gem. § 2217 BGB freigeben müsse oder

- der Testamentsvollstrecker den Gegenstand, den der Erbe besitzt, im Wege der Nachlassauseinandersetzung sofort wieder zuteilen müsse (§ 2242 BGB).

2. Prüfung des eigenen Versicherungsschutzes

Wegen des beträchtlichen Haftungsrisikos sollte der „private" Testamentsvollstrecker eine **Vermögens-Haftpflichtversicherung** mit ausreichender Deckungssumme abschließen. Die Versicherungsprämien kann er dem Nachlass entnehmen (str.). **Berufsträger** (wie z. B. Rechtsanwälte und Notare), die das Amt als Testamentsvollstrecker ausüben, sind von Berufs wegen haftpflichtversichert.

3. Beantragung eines Testamentsvollstreckerzeugnisses

Damit der Testamentsvollstrecker sein Amt und seine Befugnisse gegenüber dem Rechtsverkehr nachweisen kann, erteilt ihm das Nachlassgericht auf dessen Antrag hin ein **Testamentsvollstreckerzeugnis**. Einzelheiten zum Antrag auf Erteilung eines Testamentsvollstreckerzeugnisses finden sich im 6. Kapitel II.

4. Anlegen einer Testamentsvollstreckerakte

Testamentsvollstreckungen können sich über einen langen Zeitraum hinziehen; die Nachlassakte über Aktiva und Passiva kann äußerst komplex sein und die beteiligten Personen (Erben, Vermächtnisnehmer, Auflagenbegünstigte, Nachlassgläubiger, Behörden, Gerichte, Finanzamt) zahlreich sein. Der Testamentsvollstrecker muss bereits bei Beginn seiner Tätigkeit sicherstellen, dass er **„Herr des Verfahrens"** bleibt, sein Amt sachgerecht führt und – bei Krankheit oder Urlaub – ein Vertreter sich schnell in den Sachstand einarbeiten kann. Eine **strukturiert aufgebaute und fortlaufend aktualisierte Testamentsvollstreckerakte** vermeidet nicht nur Haftungsrisiken, sondern ermöglicht es dem Testamentsvollstrecker auch, seinen Informations-, Auskunfts- und Rechenschaftsverpflichtungen gegenüber den Erben mit vertretbarem Zeitaufwand nachzukommen.

Musteraufbau „Testamentsvollstreckerakte"

1. **Korrespondenz mit den Erben**
   - Kontaktaufnahme
   - Information
   - Auskunft
   - Rechenschaftslegung
   - Nachlassverzeichnis
   - Nachlassverteilung
2. **Korrespondenz mit Dritten**
   - Banken
   - Versicherungen
   - Vermieter, Mieter
   - Gläubiger
   - Schuldner
3. **Korrespondenz mit Gerichten**
   - Testamentsvollstreckeramtsannahme
   - Antrag auf Erteilung eines Testamentsvollstreckerzeugnisses
   - Testamentsvollstreckerzeugnis
   - Nachlassverzeichnis
4. **Steuerangelegenheiten**
   - Anschreiben an das Finanzamt
   - Erbschaftsteuererklärung
   - Erbschaftsteuerbescheid
   - Einkommensteuererklärung
   - Einkommensteuerbescheid.

5. Einrichtung eines Kontos für die Testamentsvollstreckung

Der Testamentsvollstrecker muss das seiner Vollstreckung unterliegende Nachlassvermögen des Erblassers **getrennt von seinem Eigenvermögen** halten. Er kann hierzu entweder die bestehenden Konten des Erblassers weiterführen oder ein eigenes Nachlasskonto für die Testamentsvollstreckung – bei einem Berufsträger als Anderkonto geführt – einrichten.

6. Stellung eines Postnachsendeauftrages

Der Testamentsvollstrecker sollte baldmöglichst beim Postamt am Wohnort des Erblassers einen formlosen **Postnachsendeantrag** stellen. Hierdurch wird sichergestellt, dass Schriftverkehr, der an den Erblasser adressiert ist (wie z. B. Kontoauszüge, Rechnungen, Mahnschreiben, Abonnements) an den Testamentsvollstrecker gelangen, der hieraus wichtige Hinweise zu Nachlassaktiva und Passiva entnehmen kann.

7. Kontaktaufnahme mit den am Erbfall Beteiligten

Das Verhältnis zwischen Testamentsvollstrecker und Erbe ist nicht selten von einem gewissen Misstrauen geprägt. Um dem vorzubeugen, sollte der Testamentsvollstrecker sobald als möglich mit den am Erbfall beteiligten Personen (also den Erben, Vermächtnisnehmern und Auflagenbegünstigten) in Form eines **Anschreibens** Kontakt aufnehmen und hierin erläutern,

- aufgrund welcher letztwilligen Verfügung des Erblassers er zum Testamentsvollstrecker ernannt wurde,
- welche Aufgaben ihm nach dem letzten Willen des Erblassers übertragen worden sind,
- welche Rechte und Pflichten der Testamentsvollstrecker kraft Gesetzes hat,
- welche weiteren Schritte von ihm zu veranlassen sind,
- welche Informationen und Unterlagen er von den beteiligten Personen benötigt,
- wie sich seine Vergütung regelt.

Praxishinweis:

Hat der Erblasser in seiner Verfügung von Todes wegen entweder keine ausdrückliche Vergütungsregelung getroffen oder muss der Testamentsvollstrecker annehmen, dass die festgelegte **Vergütung** im Hinblick auf den zu erwartenden Arbeitsaufwand und dem damit verbundenen Haftungsrisiko zu gering ist, sollte der Testamentsvollstrecker bereits mit dem ersten Anschreiben eine – für alle Beteiligten faire – Vergütung vorschlagen und eine entsprechende Vergütungsvereinbarung dem Anschreiben beilegen. Weigern sich alle oder einzelne Miterben diese Vereinbarung zu unterzeichnen, tut der Testamentsvollstrecker gut daran, sein Amt niederzulegen.

Mustertext „Vergütungsvereinbarung"

Zwischen der Erbengemeinschaft (Name und Anschrift aller Miterben)
und
dem Testamentsvollstrecker (Name, Anschrift)
wird in der Nachlasssache (Name), verstorben am (Datum) vereinbart, dass für den Vergütungsanspruch des Testamentsvollstreckers die Vergütungsempfehlung des Deutschen Notarvereins, die dieser Vereinbarung als Anlage beigefügt ist, gelten.
(Unterschriften)

II. Bestandsaufnahme des Nachlasses

Zu den Hauptaufgaben des Testamentsvollstreckers gehört es, den Nachlass zu **konstituieren**. Hierzu muss er Nachforschungen anstellen, um so das zu verwaltende Nachlassvermögen feststellen zu können.

1. Vermögen bei Banken

Erste Hinweise auf Bankkonten oder Schließfächer können sich aus der Durchsicht der **Post des Erblassers** ergeben. Hierzu sollte ein Postnachsendeauftrag eingerichtet werden. Auch das **soziale Umfeld des Erblassers** (wie z. B. Familienangehörige, Lebensgefährten, Steuerberater, Pflegekräfte) kann Hinweise auf Bankverbindungen oder Bankvermögen geben. Der Testamentsvollstrecker sollte zusätzlich bei folgenden Organisationen wegen etwaiger **Konten des Erblassers** anfragen:

- Bundesverband deutscher Banken, Burgstraße 28, 10178 Berlin
- Bankenverband mittel- und ostdeutscher Länder e. V., Kurfürstendamm 178, 10707 Berlin
- Deutscher Sparkassen- und Giroverband, Charlottenstraße 47, 10117 Berlin
- Verband Öffentlicher Banken Deutschlands, Lennéstraße 17, 10785 Berlin
- Bundesverband der Deutschen Volksbanken und Raiffeisenbanken, Schellingstraße 4, 10785 Berlin
- Deutsche Postbank AG, Friedrich-Ebert-Allee 114–126, 53113 Bonn

Wegen etwaiger **Bausparverträge** kann bei der Bundesgeschäftsstelle der Landesbausparkassen, Buschstraße 32, 53113 Bonn nachgefragt werden. Bezüglich **Schweizer Konten** kann beim Bankenombudsmann, Postfach 1818, CH-8028 Zürich angefragt werden.

Praxishinweis:

Einige Banken und Versicherungen begnügen sich nicht mit einfachen Kopien des Testamentsvollstreckerzeugnisses. Es empfiehlt sich deshalb, vom Nachlassgericht mehrere gerichtlich **beglaubigte Zweitschriften des Testamentsvollstreckerzeugnisses** fertigen zu lassen.

Mustertext „Kontenermittlung"

Sehr geehrte Damen und Herren,
diese Schreiben richte ich an Sie in meiner Eigenschaft als Testamentsvollstrecker über den Nachlass des am (Sterbedatum) verstorbenen (Vorname, Name und letzter Wohnsitz des Erblassers). Zum Nachweis füge ich eine beglaubigte Abschrift des mir erteilten Testamentsvollstreckerzeugnisses des Amtsgerichts (Ort), Nachlassgericht, (Adresse) vom (Datum) sowie eine Sterbeurkunde des Erblassers bei.
Ich bitte, sämtliche Konten des oben genannten Erblassers zu ermitteln und mir hierüber Mitteilung zu machen. Die hierbei anfallenden Kosten werden von mir getragen.
Mit freundlichen Grüßen
(Testamentsvollstrecker)

Sämtliche, dem Testamentsvollstrecker bekannt gewordene Banken und Sparkassen sollten unverzüglich angeschrieben werden. Dabei sind vorsorglich sämtliche vom Erblasser erteilte **Bankvollmachten zu widerrufen** und etwaige **EC-Karten oder Kreditkarten zu sperren**.

Mustertext „Anschreiben an Banken"

Sehr geehrte Damen und Herren,

diese Schreiben richte ich an Sie in meiner Eigenschaft als Testamentsvollstrecker über den Nachlass des am (Sterbedatum) verstorbenen (Vorname, Name und letzter Wohnsitz des Erblassers). Zum Nachweis füge ich eine beglaubigte Abschrift des mir erteilten Testamentsvollstreckerzeugnisses des Amtsgerichts (Ort), Nachlassgericht, (Adresse) vom (Datum) sowie eine Sterbeurkunde des Erblassers bei.

Ich darf Sie bitten, mir

- zu allen Konten des Erblassers in Ihrem Hause den jeweiligen Kontostand zum Todestag (Datum) sowie zum Tag der Annahme der Testamentsvollstreckung (Datum) mitzuteilen,
- zu allen Konten eine Verlaufsübersicht für den Zeitraum vom (Datum) bis (Datum) zu erteilen,
- Ablichtungen der Kontoeröffnungsanträge, evtl. Darlehensverträge, Bürgschaften, der Kontoführungskarte und evtl. Bankvollmachten und Daueraufträge zu übersenden.

Weiter bitte ich mir Ihre Anzeige gem. § 33 Erbschaftsteuergesetz in Abschrift zu übermitteln.

Bitte vermerken Sie meine ausschließliche Kontoführungsbefugnis.

Vorsorglich widerrufe ich hiermit alle vom Erblasser erteilten Bankvollmachten und Daueraufträge. Lastschriften und Einzügen widerspreche ich auch rückwirkend.

Etwaige EC-Karten oder Kreditkarten des Erblassers bitte ich sofort sperren zu lassen.

Mit freundlichen Grüßen

(Testamentsvollstrecker)

Praxishinweis:

Damit der Testamentsvollstrecker über Nachlasskonten verfügen kann, verlangen Banken regelmäßig eine so genannte **Identitätsbestätigung**. Diese kann er z. B. bei seiner eigenen Bank erbitten/erstellen.

2. Ermittlung von Lebensversicherungen

Der Testamentsvollstrecker muss auch ermitteln, ob Erblasser eine **Lebensversicherung** zu Gunsten Dritter abgeschlossen hat. Derartige Zuwendungen können unter Miterben gem. § 2050 BGB ausgleichungspflichtig, bei einem Pflichtteilsberechtigten gem. § 2315 BGB anrechenbar und im Rahmen des § 2325 BGB zu berücksichtigen sein. Der Testamentsvollstrecker sollte deshalb beim Gesamtverband der Deutschen Versicherungswirtschaft e. V., Wilhelmstr. 43/43G, 10117 Berlin wegen etwaiger Lebensversicherungen des Erblassers anfragen. Dieser hat zwar den bisherigen Umfragedienst eingestellt, doch sendet der Verband ein Mitgliederverzeichnis der angeschlossenen Lebensversicherungsunternehmen zu.

Praxishinweis:

Bei einem Vertrag zu Gunsten Dritter auf den Todesfall (§ 331 BGB) liegt im Valutaverhältnis zwischen Erblasser und begünstigtem Dritten häufig eine **Schenkung** vor, bei der die entsprechende Einigung im Sinne von § 516 BGB häufig erst nach dem Tod des Erblassers zustande kommt. Der Testamentsvollstrecker muss unverzüglich nach Bekanntwerden einer Lebensversicherung prüfen, ob ein **Widerruf** des vom Erblasser erklärten Schenkungsangebots vor Zugang beim Dritten einer ordnungsgemäßen Nachlassverwaltung entspricht. Dies dürfte aber nur in Ausnahmefällen anzunehmen sein.

Mustertext „Anschreiben an die Lebensversicherung"

Sehr geehrte Damen und Herren,
diese Schreiben richte ich an Sie in meiner Eigenschaft als Testamentsvollstrecker über den Nachlass des am (Sterbedatum) verstorbenen (Vorname, Name und letzter Wohnsitz des Erblassers). Zum Nachweis füge ich eine beglaubigte Abschrift des mir erteilten Testamentsvollstreckerzeugnisses des Amtsgerichts (Ort), Nachlassgericht, (Adresse) vom (Datum) sowie eine Sterbeurkunde des Erblassers bei.
Nach den mir vorliegenden Informationen hat der Erblasser mit der (Name) Lebensversicherungs AG eine Lebensversicherung zu Gunsten von (Bezugsberechtigter) abgeschlossen.
Bitte teilen Sie mir die Höhe und die Fälligkeit der auszuzahlenden Versicherungssumme mit.
Bezüglich des Bezugsrechts zu Gunsten von (Bezugsberechtigter) widerrufe ich vorsorglich einen etwaigen Ihnen gegenüber erteilten Auftrag des Erblassers, den Eintritt des Versicherungsfalls und die Zuwendung der Auszahlungssumme dieser Person mitzuteilen.
Mit freundlichen Grüßen
(Testamentsvollstrecker)

III. Konstituierung und Verwaltung des Nachlasses

Die Konstituierung des Nachlasses schafft die **Grundlage für die spätere Tätigkeit** des Testamentsvollstreckers.

1. Konstituierung des Nachlasses

Nachdem der Testamentsvollstrecker das Amt angenommen hat, hat er den Nachlass zu **konstituieren**. Hierzu muss der Testamentsvollstrecker

- sich umfassend Kenntnis über den zu verwaltenden Nachlass verschaffen;
- den Nachlass in Besitz nehmen (§ 2205 S. 2 BGB);
- unverzüglich in einem Nachlassverzeichnis die Nachlassgegenstände und Nachlassverbindlichkeiten auflisten (§ 2215 BGB);

- die vom Erblasser herrührenden Verbindlichkeiten und die Erbschaftsteuerschuld begleichen.

Mit Erledigung dieser Aufgaben ist die Konstituierung des Nachlasses **beendet**, die Grundlage für eine ordnungsgemäße Amtsführung und Abwicklung durch den Testamentsvollstrecker geschaffen.

Praxishinweis:

Für diese Tätigkeit erhält der Testamentsvollstrecker eine sogenannte **Konstituierungsgebühr**. Einzelheiten zur Testamentsvollstreckervergütung finden sich im 3. Kapitel VIII.

2. Nachlassverzeichnis

a) Zweck des Nachlassverzeichnisses

Gem. § 2215 Abs. 1 BGB muss der Testamentsvollstrecker dem Erben (bzw. allen Miterben) **unverzüglich** nach Annahme seines Amtes – ohne eine Aufforderung des Erben abwarten zu können – ein **Verzeichnis** über die seiner Verwaltung unterliegenden Nachlassgegenstände und die ihm bekannten Nachlassverbindlichkeiten erstellen. Nur auf Grundlage dieses Nachlassverzeichnisses können die Erben ihre **Kontrollrechte** (Information, Auskunft und Rechnungslegung) ausüben.

Das Nachlassverzeichnis dient aber auch dem **Selbstschutz des Testamentsvollstreckers**, da sich die Verpflichtung zur Rechnungslegung und Nachlassherausgabe (§§ 2218, 666, 667 BGB) und damit mittelbar der Umfang einer evtl. Haftung des Testamentsvollstreckers (§ 2219 BGB) hieraus ergibt.

Erstellt der Testamentsvollstrecker trotz Mahnung und Fristsetzung kein ordnungsgemäßes Nachlassverzeichnis, kann darin eine schuldhaft grobe Pflichtverletzung liegen, die eine **Entlassung** des Testamentsvollstreckers (§ 2227 BGB) rechtfertigen kann.

Da die Erstellung eines Nachlassverzeichnisses eine wesentliche Pflicht des Testamentsvollstreckers ist, kann ihre Verletzung auch zu **Schadenersatz** verpflichten (§ 2219 Abs. 1 BGB).

Während der **laufenden** Testamentsvollstreckung ist auf Verlangen der Erben ein weiteres **Bestandsverzeichnis** vorzulegen, wenn der Testamentsvollstrecker Maßnahmen vornimmt, welche den Nachlass erheblich beeinflussen (Einzelheiten zum Bestandsverzeichnis finden sich im 4. Kapitel II. 2.).

Praxishinweis:

Dem Testamentsvollstrecker ist also zu raten, das geschuldete Nachlassverzeichnis unverzüglich, ohne Aufforderung des Erben und vollständig zu erstellen. Hierzu muss er gegebenenfalls ein zunächst erstelltes Nachlassverzeichnis später ergänzen oder berichtigen.

b) Inhalt des Nachlassverzeichnisses

Das Verzeichnis muss nur diejenigen Gegenstände umfassen, die der **Verwaltung** des Testamentsvollstreckers unterliegen. Aufzunehmen sind weiter die dem Testamentsvollstrecker bekannten **Nachlassverbindlichkeiten**.

Nachlassgegenstände und Verbindlichkeiten, deren Zugehörigkeit zum Nachlass (noch) **zweifelhaft** ist, sind – mit einer entsprechenden Erläuterung – ebenfalls aufzunehmen. Gerade bei beweglichen Gegenständen kann die Feststellung des Nachlasses erhebliche Schwierigkeiten bereiten. Der Testamentsvollstrecker ist deshalb verpflichtet, alle ihm gegebenen Erkenntnismöglichkeiten auszuschöpfen und vor allem alle ihm verfügbaren Urkunden und sonstige Unterlagen zu sichten und zu überprüfen.

Grundsätzlich ist jeder Nachlassgegenstand (auch Kleidungsstücke, Hausrat, persönliche Dinge) einzeln aufzuführen. Dies wird man dahingehend einzuschränken haben, dass **Gegenstände ohne nennenswerten Wert** nicht einzeln gelistet werden müssen. Eine genaue Beschreibung der Nachlassgegenstände ist ebenso wenig geschuldet, wie die Angabe eines Wertes oder eine Wertermittlung durch Dritte (z. B. Sachverständige). Pauschale Wertangaben sind aber durchaus empfehlenswert, um etwa die Höhe der Gerichtsgebühren für die Testamentseröffnung und die Erteilung des Erbscheins bzw. des Testamentsvollstreckerzeugnisses zu ermitteln.

c) Stichtag des Nachlassverzeichnisses

In § 2215 BGB ist nicht ausdrücklich bestimmt, zu welchem **Stichtag** der Testamentsvollstrecker das Nachlassverzeichnis zu erstellen hat. Richtig dürfte sein, den Nachlassbestand zum **Zeitpunkt der Amtsannahme** und nicht bezogen auf den Erbfall anzugeben. Sinnvollerweise wird der Testamentsvollstrecker ihm bekannte Veränderungen zwischen dem Erbfall und der Amtsannahme in seinem Nachlassverzeichnis vermerken.

d) Form des Nachlassverzeichnisses

Gem. § 2215 Abs. 2 BGB ist das Nachlassverzeichnis vom Testamentsvollstrecker mit Angabe des Aufnahmetages – der nicht zwingend identisch ist mit dem Stichtag – zu **unterzeichnen**. Hieraus ergibt sich mittelbar die **Schriftformerfordernis** für das gesamte Verzeichnis. Im Falle eines – auch stillschweigend möglichen – Verzichts der Erben genügt eine mündliche Auskunft. Auf Verlangen der Erben muss der Testamentsvollstrecker seine Unterschrift gem. § 2215 Abs. 2 BGB von einem Notar **beglaubigen** lassen.

Belege sind dem Verzeichnis nicht beizulegen. Es entspricht aber einer ordnungsgemäßen Verwaltung, dass z. B. Konto- und Depotauszüge in Kopie beigefügt werden.

Gem. § 2215 Abs. 3 BGB kann der Erbe verlangen, dass er vom Testamentsvollstrecker bei der Erstellung des Nachlassverzeichnisses **hinzugezogen** wird. Hierzu muss ihm rechtzeitig der Termin zur Aufnahme des Verzeichnisses mitgeteilt werden. Der Erbe ist – auch wenn dies der Testamentsvollstrecker wünscht oder verlangt – weder zur persönlichen Anwesenheit verpflichtet, noch zur Unterzeichnung des Nachlassverzeichnisses.

Gem. § 2215 Abs. 4 BGB ist der Testamentsvollstrecker berechtigt – und auf Verlangen des Erben verpflichtet – das Nachlassverzeichnis in **amtlicher Form** aufnehmen zu lassen. Für die amtliche Nachlassaufnahme ist in den meisten Bundesländern der Notar, in einigen Bundesländern auch oder nur das Amtsgericht oder der Gerichtsvollzieher zuständig.

Praxishinweis:

Muss der Testamentsvollstrecker davon ausgehen, dass der bzw. die Erben seine Amtsführung beanstanden, kann es sich empfehlen vorsorglich ein **amtliches** Verzeichnis errichten zu lassen.

Nur wenn Grund zur Annahme besteht, dass der Testamentsvollstrecker das Verzeichnis nicht mit der erforderlichen Sorgfalt angefertigt hat, können die Erben vom Testamentsvollstrecker verlangen, dass er die Richtigkeit des Verzeichnisses gem. §§ 2218 Abs. 1, 666, 259, 260 BGB **eidesstattlich versichert**. Ein solcher Grund zum Misstrauen kann z. B. dann bestehen, wenn der Testamentsvollstrecker versucht, die Auskunft „mit juristischen Mitteln" zu verzögern oder zu verhindern.

Ein ausführliches **Muster eines Nachlassverzeichnisses** findet sich im Anhang unter Ziff. II.

e) Mitteilung des Nachlassverzeichnisses

Das Nachlassverzeichnis ist gem. § 2215 BGB **unaufgefordert** jedem Miterben – dem Nacherben erst nach Eintritt des Nacherbfalls – **zu übermitteln**. Diese Verpflichtung besteht auch gegenüber dem Pfändungsgläubiger oder dem Nießbrauchsberechtigten an einem Erbteil, nicht aber dem Vermächtnisnehmer oder dem Pflichtteilsberechtigten. Die Mitteilung eines Nachlassverzeichnisses kann der Erbe notfalls **einklagen**.

Mustertext „Klage gegen den Testamentsvollstrecker auf Erstellung des Nachlassverzeichnisses"

Der Beklagte (Testamentsvollstrecker) wird verurteilt, dem Kläger (Erben) ein Verzeichnis über den Nachlass des am (Todestag) in (Ort) verstorbenen (Erblassers) mitzuteilen.

f) Kosten des Nachlassverzeichnisses

Die Kosten für die Aufnahme des Nachlassverzeichnisses sowie etwaige Kosten für die Unterschriftsbeglaubigung oder die amtliche Aufnahme trägt gem. § 2215 Abs. 5 BGB der **Nachlass**. Die Kosten einer eidesstattlichen Versicherung muss gem. § 261 Abs. 3 BGB demgegenüber derjenige tragen, der diese verlangt. Wird ein Rechtsanwalt von einem juristischen Laien mit der Erstellung des Nachlassverzeichnisses beauftragt, kann er dafür in der Regel eine 1,3 Geschäftsgebühr (VV RVG Nr. 2300) aus 10 % des Bruttonachlasses berechnen.

3. Verwaltung des Nachlasses

Der Testamentsvollstrecker hat den Nachlass ab dem Zeitpunkt der Amtsannahme bis zur Auseinandersetzung **ordnungsgemäß zu verwalten** (§§ 2205 S. 1, 2216 Abs. 1 BGB). Er hat hierbei etwaige vom Erblasser durch letztwillige Verfügung getroffenen **Verwaltungsanordnungen** zu befolgen (§ 2216 Abs. 2 S. 1 BGB) es sei denn, diese sind durch das Nachlassgericht außer Kraft gesetzt worden (§ 2216 Abs. 2 S. 2 BGB). Hat der Erblasser keine Anordnungen getroffen, richten sich die Verwaltungsziele nach dem Zweck der Anordnung der Testamentsvollstreckung und den Umständen des Einzelfalls.

Praxishinweis:

Der Erblasser kann den Testamentsvollstrecker von der Pflicht zur Beachtung der Grundsätze einer ordnungsgemäßen Verwaltung **nicht befreien** (§ 2220 BGB).

a) Verwaltungsanordnungen des Erblassers

Die Alleinentscheidungskompetenz des Testamentsvollstreckers über die Art der Verwaltung wird gem. § 2216 Abs. 2 S. 1 BGB dann eingeschränkt, wenn der Erblasser durch letztwillige Verfügungen entsprechende **Anordnungen für die Verwaltung** getroffen hat. Die Erben können gegen den Testamentsvollstrecker auf Befolgung einer Verwaltungsanordnung klagen. Dem **Nachlassgericht** kommt demgegenüber kein allgemeines Aufsichtsrecht über den Testamentsvollstrecker zu, und zwar selbst dann nicht, wenn der Erblasser dies angeordnet hat. Abweichende Anordnungen oder Wünsche **der Erben** braucht der Testamentsvollstrecker nicht zu befolgen.

aa) Folgen von Verstößen gegen Anordnungen des Erblassers. Missachtet der Testamentsvollstrecker Anordnungen des Erblassers – bewusst oder wegen Irrtums –, stellt sich die Frage, ob die Maßnahme hierdurch **unwirksam** wird. Hierbei muss wie folgt **unterschieden** werden:

- **Dingliche Beschränkungen der Verfügungsbefugnis** des Testamentsvollstreckers im Sinne von § 2208 Abs. 1 S. 1 BGB haben zur Folge, dass Verstöße gegen Rechtsgeschäfte des Testamentsvollstreckers gem. § 134 BGB unwirksam sind. Hierüber können sich Testamentsvollstrecker und (alle) Erben nur einvernehmlich hinwegsetzen.
- **Bloße Verwaltungsanordnungen** im Sinne des § 2216 Abs. 2 S. 1 BGB führen demgegenüber nicht zur Unwirksamkeit des dagegen verstoßenden Rechtsgeschäfts und können vom Nachlassgericht gem. § 2216 Abs. 2 S. 2 BGB außer Kraft gesetzt werden.
- Hat der Erblasser in seiner letztwilligen Verfügung lediglich **Wünsche, Bitten und Hoffnungen** geäußert und deren Beachtung letztlich in das freie Belieben des Testamentsvollstreckers gestellt, besteht grundsätzlich keine Folgepflicht für den Testamentsvollstrecker, können aber mittelbar den eigentlichen Zweck der Testamentsvollstreckung deutlich machen.
- Äußerungen des Erblassers **außerhalb einer letztwilligen Verfügung** können von den Erben gem. § 671 BGB jederzeit widerrufen werden.

Der Testamentsvollstrecker hat zu Beginn seiner Verwaltungstätigkeit die in der letztwilligen Verfügung enthaltenen Äußerungen des Erblassers dahingehend **auszulegen**, ob eine dinglich wirkende Verfügungsbeschränkung (§ 2208 Abs. 1 S. 1 BGB), eine Verwaltungsanordnung nach § 2216 Abs. 2 S. 1 BGB oder lediglich ein Wunsch oder eine Bitte des Erblassers vorliegt.

Praxishinweis:

Können sich die Erben und der Testamentsvollstrecker über die Auslegung einer Anordnung nicht einigen, kann diese Frage im Rahmen einer **Feststellungsklage** vor dem Prozessgericht geklärt werden.

Mustertext „Verfügungsbeschränkung des Testamentsvollstreckers"

> Dem Testamentsvollstrecker ist es untersagt, mein Einfamilienhaus in...... zu Lebzeiten meiner Ehefrau zu veräußern oder zu belasten.

Mustertext „Verwaltungsanordnung des Erblassers"

> Mein Einfamilienhaus in...... soll nicht unter € 600.000, – verkauft werden.

Mustertext „Bloßer Wunsch des Erblassers"

> Mein Einfamilienhaus in...... soll nach Möglichkeit im Besitz der Familie bleiben.

bb) Außerkraftsetzung von Erblasseranordnungen. Vorgaben des Erblassers entsprechen – gerade wenn die letztwillige Verfügung längere Zeit zurückliegt – nicht immer den wirtschaftlichen Verhältnissen während der Amtsausführung. Will der Testamentsvollstrecker eine – nach seinem Dafürhalten nicht sinnvolle – Anordnung des Erblassers „korrigieren", ist wie folgt zu **unterscheiden**:

- **Dinglich wirkende** Verfügungsbeschränkungen (§ 2208 Abs. 1 S. 1 BGB) müssen zwingend beachtet werden.
- **Lediglich schuldrechtlich wirkende** Verwaltungsanordnungen (§ 2216 Abs. 2 S. 1 BGB) können vom Testamentsvollstrecker missachtet werden, allerdings mit dem Risiko, dass Erben Schadenersatzansprüche gem. § 2219 BGB geltend machen und eine Entlassung gem. § 2227 BGB droht. Dem Testamentsvollstrecker ist in diesem Fall anzuraten, vorher eine **Zustimmung aller Miterben** einzuholen.
- Verweigern die Erben eine derartige Zustimmung, kann der Testamentsvollstrecker beim Nachlassgericht die **Außerkraftsetzung der Anordnung** gem. § 2216 Abs. 2 S. 2 BGB beantragen, wenn die Besorgnis einer erheblichen Nachlassgefährdung besteht. So kann etwa das Verbot, ein Nachlassgrundstück unter einem bestimmten Preis zu verkaufen, Anlass zur Aufhebung geben, wenn dieser Preis in absehbarer Zeit nicht zu erzielen ist. Auch eine wirtschaftliche Gefährdung der nachlassbeteiligten Personen kann zur Außerkraftsetzung der Anordnung führen. **Nicht aus-**

reichend ist dagegen, wenn die Erblasseranordnung lediglich lästig oder unzweckmäßig ist.

Mustertext „Antrag auf Außerkraftsetzung einer Erblasseranordnung"

> Die Anordnung des Erblassers (Name) in seinem Testament vom (Datum):
> „Mein Einfamilienhaus in...... darf nicht unter einem Preis von € 600.000,– verkauft werden."
> wird außer Kraft gesetzt.

Praxishinweis:

Eine Außerkraftsetzung gem. § 2216 Abs. 2 S. 2 BGB ist nicht möglich bezüglich der Testamentsvollstreckung als solche, über deren Dauer, die Zahl der Testamentsvollstrecker, ihre Vergütung sowie bezüglich Auflagen oder Vermächtnisse, weil es sich hierbei nicht um Verwaltungsmaßnahmen handelt.

b) Nachlassverwaltung ohne Erblasseranordnung

aa) Alleinentscheidungsrecht des Testamentsvollstreckers. Hat der Erblasser keine Verwaltungsanordnung im Sinne des § 2216 Abs. 2 BGB und keine Verfügungsbeschränkung gem. § 2208 BGB getroffen, so entscheidet der Testamentsvollstrecker gem. § 2216 Abs. 1 BGB **allein** über die Art der Nachlassverwaltung.

Zur **Nachlassverwaltung** zählen alle Maßnahmen

- zur Erhaltung, Sicherung, Nutzung und Vermehrung des verwalteten Vermögens,
- das Eingehen von Verpflichtungen (§§ 2206, 2207 BGB),
- der Abschluss von Verträgen,
- der Erwerb von Sachen und Rechten,
- die Verfügung über Nachlassgegenstände,
- das Führen von Rechtstreitigkeiten,
- die Entgegennahme von Willenserklärungen und
- Maßnahmen tatsächlicher Art.

Der Testamentsvollstrecker hat grundsätzlich den **gesamten** Nachlass verwalten, es sei denn die Testamentsvollstreckung bezieht sich nur auf einen entsprechenden **Erbteil** oder auf einen bestimmten **Nachlassgegenstand**.

bb) Inhalt und Grenzen der ordnungsgemäßen Verwaltung. An die Ordnungsmäßigkeit der Nachlassverwaltung werden nach **objektiven** Gesichtspunkten **strenge** Anforderungen gestellt. Der **Umfang der Verwaltungspflicht** wird in erster Linie durch die vom Erblasser im Testament festgelegten **Aufgaben** bestimmt. Ihm ist dabei ein angemessener, nicht engherzig zu bestimmender **Ermessensspielraum** zuzubilligen, der genügend Raum für Eigeninitiative lässt. Der Testamentsvollstrecker ist angehalten, im Einzelfall wirtschaftlich, vernünftig und aus allgemein nachvollziehbaren Gründen zu handeln. Da die Ordnungsmäßigkeit der Verwaltung anhand aller Umstände des Einzelfalls zu beurteilen ist, kann sogar eine Veräußerung von Nachlassgegenständen unter dem Verkehrswert gerechtfertigt sein, wenn keine andere Verwertungsmöglichkeit besteht und der Erlös für die Erhaltung des sonstigen Nachlasses notwendig ist. Der Testamentsvollstrecker darf sich aber nicht mit einem mäßigen Erfolg begnügen, wenn die Möglichkeit der Erzielung eines besseren Ergebnisses besteht.

Der Testamentsvollstrecker ist zu **Kontrollmaßnahmen** verpflichtet, um rechtzeitig drohenden Gefahren und Verlusten zu begegnen. Bloße Zweckmäßigkeitsfragen entscheidet dagegen allein der Testamentsvollstrecker, da anderenfalls seine Tätigkeit lahmgelegt wäre.

Eine **länger dauernde Nachlassverwaltung** oder **besonders strukturierte Nachlässe**, die z. B. ein Unternehmen oder größeres Kapitalvermögen enthalten, verlangt vom Testamentsvollstrecker ein hohes Maß an unternehmerischer Eigeninitiative. Er ist dabei nicht an den Grundsatz des „sichersten Wegs“ gebunden. **Leitbild** ist der zwar umsichtige und solide, aber „dynamische“ Geschäftsführer, der die Risiken und Chancen einer Vermögensanlage kalkuliert. Zulässig sind deshalb auch spekulative Anlagen, sofern diese nicht den gesamten Nachlass oder Teile hiervon erfassen. Der Testamentsvollstrecker ist also nicht verpflichtet, den Nachlasswert **„mündelsicher“** anzulegen.

Praxishinweis:

Da der Testamentsvollstrecker also letztlich einem gewissen Erfolgszwang unterworfen ist, andererseits aber auch die Substanz des Nachlasses erhalten muss, sollten wichtige Anlagenentscheidungen vom Testamentsvollstrecker sorgfältig nach Einholung verschiedener **Alternativen** vorbereitet und **mit den Erben abgestimmt** werden.

cc) Folgen einer nicht ordnungsgemäßen Verwaltung. Der Testamentsvollstrecker **haftet** den geschädigten Erben oder den Vermächtnisnehmern gegenüber gem. § 2219 BGB im Falle einer schuldhaften Pflichtverletzung. Der Testamentsvollstrecker sollte deshalb eine **Vermögensschadens-Haftpflichtversicherung** abschließen. Grobe Pflichtverletzungen oder eine Unfähigkeit des Testamentsvollstreckers können eine **Entlassung** durch das Nachlassgericht gem. § 2227 BGB rechtfertigen. Einzelheiten zum Entlassungsverfahren finden sich im 3. Kapitel X. 2. c).

Praxishinweis:

Einer Schadenersatzhaftung oder Entlassung kann der Testamentsvollstrecker dadurch vorbeugen, indem er die Erben vor wichtigen Verwaltungsmaßnahmen rechtzeitig und umfassend informiert und die **Möglichkeit der Stellungnahme** gibt. Die Motive und Alternativen einer Verwaltungsmaßnahme sollten sorgfältig **dokumentiert** werden.

dd) Gerichtliche Durchsetzung der Nachlassverwaltung. Die Erben können den Testamentsvollstrecker auf Vornahme einer ordnungsgemäßen Nachlassverwaltung notwendigen Maßnahme **verklagen**, u. U. auch eine einstweilige Verfügung erwirken. In Ausnahmefällen kann auch der Erlass einer einstweiligen Verfügung beim Prozessgericht beantragt werden.

Mustertext „Klage gegen den Testamentsvollstrecker auf ordnungsgemäße Verwaltung"

> Der Beklagte (= Testamentsvollstrecker) wird verurteilt, die zum Nachlass am (Todestag) in (Ort) verstorbenen (Erblasser) gehörende Eigentumswohnung in (Anschrift) zu vermieten.

Mustertext „Antrag auf Erlass einer einstweiligen Verfügung"

> Dem Beklagten (Testamentsvollstrecker) wird bei Meidung eines für jeden Fall der Zuwiderhandlung festzusetzenden Ordnungsgeldes bis zu € 10.000,–, ersatzweise Ordnungshaft, verboten, die zum Nachlass des am (Todestag) in (Ort) verstorbenen (Erblasser) gehörende Bildersammlung zu veräußern.

c) Beendigung von Vertragsverhältnissen

Der Grundsatz der ordnungsgemäßen Nachlassverwaltung verlangt es, dass diejenigen **Vertragsverhältnisse beendet** werden, die nicht mehr zur Abwicklung oder Verwaltung des Nachlasses erforderlich sind.

aa) Kündigung von Mietverträgen. Hier ist zu **unterscheiden**:

- War der Erblasser **Mieter** von Wohnraum, treten gem. §§ 563, 563a BGB dessen Ehegatte (bzw. gleichgeschlechtlicher Lebenspartner), unter Umständen auch ein Familienangehöriger oder Lebensgefährte automatisch in das bestehende Wohnraummietverhältnis ein, es sei denn, diese Personen erklären innerhalb der Monatsfrist des § 563 Abs. 3 BGB, das Mietverhältnis nicht fortsetzen zu wollen. In diesem Fall wird das Mietverhältnis gem. § 564 BGB mit den Erben ausgesetzt, die dann binnen einer Monatsfrist außerordentlich kündigen können. Der Testamentsvollstrecker hat deshalb zu prüfen, ob fortsetzungsberechtigte Personen im Sinne des § 563 BGB vorhanden sind und – falls keine Sonderrechtsnachfolge stattfindet – die Mieter zu befragen, ob diese das Mietverhältnis fortsetzen wollen oder nicht. Die Monatsfrist des § 564 BGB beginnt nicht vor Amtsannahme durch den Testamentsvollstrecker zu laufen.
- War der Erblasser **Vermieter** eines Objekts, sind dessen Erben Rechtsnachfolger; das Mietverhältnis unterliegt der Verwaltung

des Testamentsvollstreckers. Es kann nur nach den allgemeinen mietrechtlichen Bestimmungen gekündigt werden; ein Sonderkündigungsrecht besteht nicht.

Praxishinweis:

Mit der Kündigung des Mietverhältnisses sind auch Verträge mit Energieversorgern und der Gebühreneinzugszentrale (GEZ) sowie Telefon- und Kabelanschlüsse zu kündigen.

bb) Kündigung von Versicherungsverträgen. Der Testamentsvollstrecker muss zunächst prüfen, ob der **Versicherungsschutz** einzelner Verträge (wie z. B. Gebäudeversicherung) über den Tod des Erblassers hinaus weiter benötigt wird. Ist dies nicht der Fall, muss er die entsprechenden Versicherungsbedingungen im Hinblick auf eine baldige Beendigungsmöglichkeit, notfalls Rückfrage beim Versicherer halten. Einige Versicherungen (wie z. B. die Unfall-/Krankenversicherung oder eine allgemeine Haftpflichtversicherung) enden **automatisch** mit dem Tod des Versicherungsnehmers.

cc) Beendigung sonstiger Vertragsverhältnisse. Der Testamentsvollstrecker sollte baldmöglichst **Mitgliedschaften** bei Vereinen und Organisationen, Zeitschriftenabonnements und Kreditkartenverträge zum nächstmöglichen Zeitpunkt kündigen.

d) Verpflichtungsgeschäfte des Testamentsvollstreckers

aa) Beschränkte Verpflichtungsbefugnis des Testamentsvollstreckers. Der Testamentsvollstrecker hat den Nachlass ordnungsgemäß zu verwalten (§ 2205 S. 1 BGB). Gem. § 2206 Abs. 1 S. 1 BGB kann er auch **Verbindlichkeiten für den Nachlass** eingehen, sofern dies zur ordnungsgemäßen Nachlassverwaltung erforderlich ist.

BEISPIEL: Der Testamentsvollstrecker kann im Rahmen des § 2206 Abs. 1 S. 1 BGB Miet-, Dienst- und Darlehensverträge abschließen, Wechselverbindlichkeiten für den Nachlass eingehen, Schuldanerkenntnisse abgeben, Prozesse führen und dabei Vergleiche schließen und Anerkenntnisse abgeben.

§ 2206 Abs. 1 S. 1 BGB beschränkt also die Vertretungsmacht des Testamentsvollstreckers im **Außenverhältnis** auf den Bereich der ordnungsgemäßen Verwaltung. Dies hätte „an sich" die Konsequenz, dass Verträge, die nicht mehr einer ordnungsgemäßen Verwaltung entsprechen, die Erben bzw. den Nachlass nicht verpflichten und der Vertragspartner nur den Testamentsvollstrecker persönlich gem. § 179 BGB in die Haftung nehmen könnte.

BEISPIEL: Der Testamentsvollstrecker muss Nachlassgegenstände für eine voraussichtliche Dauer von einem Jahr einlagern. Er mietet hierzu aber für die Dauer von fünf Jahren einen Lagerraum an. „An sich" würde hierbei nur der Testamentsvollstrecker, nicht aber der Nachlass für die Mietverbindlichkeiten haftet.

Aus Gründen des **Verkehrsschutzes** wird § 2206 Abs. 1 S. 1 BGB von der herrschenden Meinung dahingehend erweitert, dass eine **wirksame** Nachlassverbindlichkeit entsteht, wenn der Geschäftspartner bei Vertragsschluss angenommen hat und ohne Fahrlässigkeit annehmen konnte, dass die Eingehung der Verbindlichkeiten zur ordnungsgemäßen Nachlassverwaltung erforderlich war, auch wenn dies objektiv nicht der Fall war.

bb) Erweiterte Verpflichtungsbefugnis des Testamentsvollstreckers. Der Gesetzgeber **erweitert die beschränkte Verpflichtungsbefugnis** des Testamentsvollstreckers in **zwei Fällen**:

Gem. § 2206 Abs. 1 S. 2 BGB sind Verpflichtungsgeschäfte, die **auf eine Verfügung über einen Nachlassgegenstand gerichtet** sind, wirksam, wenn der Testamentsvollstrecker zu dieser Verfügung berechtigt ist. Diese Erweiterung ist notwendig, da ansonsten der Testamentsvollstrecker zwar wirksam verfügen könnte, im Fall einer nicht ordnungsgemäßen Nachlassverwaltung aber das Verpflichtungsgeschäft unwirksam wäre und deshalb die erbrachte Leistung gem. § 812 BGB wegen fehlenden Rechtsgrundes kondizierbar wäre.

BEISPIEL: Der Testamentsvollstrecker kann gem. § 2206 Abs. 1 S. 2 BGB Nachlassgegenstände verkaufen und veräußern, auch wenn dies nicht einer ordnungsmäßigen Verwaltung entspricht, weil genügend liquide

Mittel im Nachlass zur Deckung der Nachlassverbindlichkeiten vorhanden sind und der Erbe diese Nachlassgrundstücke an sich behalten möchte. Die – im Außenverhältnis wirksame – Veräußerung der Nachlassgrundstücke kann im Innenverhältnis eine Schadenersatzhaftung des Testamentsvollstreckers gem. § 2219 BGB auslösen.

- Zu beachten dabei ist, dass gem. § 2205 S. 3 BGB **unentgeltliche** Verfügungen des Testamentsvollstreckers grundsätzlich unwirksam sind. In diesem Fall wäre dann auch das Verpflichtungsgeschäft, also der Schenkungsvertrag, unwirksam. Nach herrschender Meinung kommt es dabei nicht darauf an, ob der Vertragspartner die Unentgeltlichkeit erkennen konnte.
- Eine Verpflichtungsbefugnis gem. § 2206 Abs. 1 S. 2 BGB scheidet auch dann aus, wenn der Erblasser die Rechte des Testamentsvollstreckers gem. § 2208 BGB **beschränkt** hat. Sind derartige Verfügungsbeschränkungen aber nicht im Testamentsvollstreckerzeugnis eingetragen, kann sich der gutgläubige Vertragspartner auf den öffentlichen Glauben des Testamentsvollstreckerzeugnisses (§ 2368 BGB) berufen.

Eine weitere Ausnahme von der beschränkten Verpflichtungsbefugnis des § 2206 Abs. 1 S. 1 BGB sieht § 2207 BGB vor, wenn der Erblasser **in seiner letztwilligen Verfügung angeordnet** hat, dass der Testamentsvollstrecker in der Eingehung von Verbindlichkeiten für den Nachlass nicht beschränkt ist. In diesem Fall sind dann auch Verpflichtungsgeschäfte, die nicht ordnungsgemäßer Verwaltung entsprechen, im **Außenverhältnis** wirksam. Im **Innenverhältnis** zum Erben bleibt es jedoch nach wie vor dabei, dass der Testamentsvollstrecker für die ordnungsgemäße Verwaltung des Nachlasses verantwortlich ist, also bei einem Verstoß gem. § 2219 BGB haftet; hiervon kann der Erblasser den Testamentsvollstrecker nicht befreien (§ 2220 BGB).

Praxishinweis:

Die **erweiterte** Verpflichtungsbefugnis ist gem. § 2368 Abs. 1 S. 2 BGB im Testamentsvollstreckerzeugnis zu vermerken.

Mustertext „Erweiterte Verpflichtungsbefugnis"

Der Testamentsvollstrecker soll von allen Beschränkungen befreit sein, von denen nach dem Gesetz eine Befreiung erteilt werden kann. Insbesondere soll der Testamentsvollstrecker in der Eingehung von Verbindlichkeiten für den Nachlass nicht beschränkt sein (§ 2207 BGB).

Die **beschränkte** Verpflichtungsbefugnis des § 2206 Abs. 1 S. 1 BGB ist meist nur beim Regelfall der **Abwicklungs- und Auseinandersetzungsvollstreckung** sachgerecht. Bei einer **Verwaltungsvollstreckung** oder **Dauertestamentsvollstreckung** hat der Testamentsvollstrecker regelmäßig komplexe Aufgaben mit zahlreichen Verpflichtungsgeschäften wahrzunehmen. Gem. § 2209 S. 2 BGB ist deshalb im Zweifel anzunehmen, dass bei einer derartigen Testamentsvollstreckung die erweiterte Verpflichtungsbefugnis des § 2207 BGB erteilt ist.

cc) Einwilligung des Erben. Die begrenzte Verpflichtungsbefugnis des § 2206 Abs. 1 S. 1 BGB birgt für den Testamentsvollstrecker ein nicht unerhebliches **Haftungsrisiko**, wenn er den Begriff der ordnungsgemäßen Nachlassverwaltung unzutreffend beurteilen sollte. Er kann deshalb gem. § 2206 Abs. 2 BGB den Erben zu einer **Einwilligung** in das betreffende Geschäft auffordern, und dies notfalls vor dem Prozessgericht **einklagen.** Die Einwilligungspflicht des Erben besteht aber nur gegenüber dem Testamentsvollstrecker, nicht gegenüber dem (potentiellen) Vertragspartner.

Mustertext „Klage auf Einwilligung des Erben"

Der Beklagte (Erbe) wird verurteilt, der vom Kläger als Testamentsvollstrecker beabsichtigten Vermietung der zum Nachlass gehörenden Ferienwohnung in (Ort) zu einem Nettomietzins von €. . . . . . zuzustimmen.

Zusammenfassung „Verpflichtungsbefugnis des Testamentsvollstrecker"

- **Grundsatz:** Beschränkte Verpflichtungsbefugnis für Geschäfte der ordnungsmäßigen Nachlassverwaltung (§ 2206 Abs. 1 S. 1 BGB)

- **1. Ausnahme:** Aus Gründen des Verkehrsschutzes sind Verträge, die nicht im Rahmen ordnungsmäßiger Verwaltung liegen, wirksam, wenn der Geschäftspartner gutgläubig ist.
- **2. Ausnahme:** Verpflichtungsgeschäfte zu einer Verfügung über Nachlassgegenstände sind wirksam, auch wenn dies nicht zur ordnungsmäßigen Nachlassverwaltung erforderlich ist (§ 2206 Abs. 1 S. 2 BGB).
- **3. Ausnahme:** Erweitere Verpflichtungsbefugnis seitens des Erblassers (§ 2207 BGB)
- **4. Ausnahme:** Einwilligung des Erben (§ 2206 Abs. 2 BGB)

e) Verfügungsgeschäfte des Testamentsvollstreckers

aa) Alleinverfügungsrecht des Testamentsvollstreckers. Das Verwaltungsrecht des Testamentsvollstreckers enthält als notwendigen Bestandteil das **alleinige Verfügungsrecht** über den Nachlass (§ 2205 S. 2 BGB). Verfügungen sind Rechtsgeschäfte, durch die ein Recht unmittelbar übertragen, belastet, geändert oder aufgehoben wird.

BEISPIELE: Hierzu zählen die Veräußerung und Belastung von Nachlassgegenständen, die Abtretung, Einziehung, Aufrechnung und Erlass von Forderungen, die Ausübung von Gestaltungsrechten (wie z. B. Kündigung, Anfechtung und Widerruf). Keine Verfügungen, sondern ein Verpflichtungsgeschäft sind dagegen Kauf-, Miet-, Werk- und Darlehensverträge.

Widerspricht eine Verfügung den Grundsätzen ordnungsmäßiger Verwaltung, ist sie gleichwohl wirksam, allerdings mit der Folge, dass sich der Testamentsvollstrecker im Verhältnis zu den Erben schadenersatzpflichtig machen kann (§ 2219 BGB) und diese unter Umständen seine Entlassung verlangen können (§ 2227 BGB).

bb) Keine unentgeltlichen Verfügungen. Zur Erhaltung des Nachlasses ordnet § 2205 S. 3 BGB an, dass – ganz oder teilweise – **unentgeltliche** Verfügungen des Testamentsvollstreckers **unwirksam** sind, es sei denn, sie entsprechen einer sittlichen Pflicht oder einer auf den Anstand zunehmenden Rücksicht (sog. Anstands- und Pflichtschenkungen). Von diesem **Schenkungsverbot** kann der Erblasser den Testamentsvollstrecker nicht befreien (§ 2220 BGB).

Für die Frage der Entgeltlichkeit der Verfügung ist entscheidend, ob der erfolgten Verminderung des Nachlasses eine entsprechende gleichwertige **Gegenleistung** korrespondiert. Bei der Höhe der Gegenleistung hat der Testamentsvollstrecker einen gewissen Ermessensspielraum. Für die Unentgeltlichkeit muss deshalb insoweit eine subjektive Komponente hinzukommen, als der Testamentsvollstrecker das Fehlen oder die Unzulänglichkeit der Gegenleistung kennen oder zumindest erkennen können muss.

Das Schenkungsverbot des § 2205 S. 3 BGB gilt auch zu Lasten eines **gutgläubigen** Vertragspartners.

Eine unentgeltliche Verfügung des Testamentsvollstreckers ist aber dann wirksam, wenn sämtliche Erben (auch etwaige Vor- und Nacherben) sowie etwaige Vermächtnisnehmer hieran **mitwirken**. Bei Minderjährigen kommt es auf die Zustimmung des gesetzlichen Vertreters an.

Praxishinweis:

Bei Verfügungen über Grundstücke muss der Testamentsvollstrecker gem. § 35 Abs. 2 GBO dem **Grundbuchamt** nachweisen, dass entweder die Verfügung nicht unentgeltlich ist oder der Erbe der Verfügung zugestimmt hat. Das Grundbuchamt prüft die Frage der Entgeltlichkeit gem. § 26 FamFG von Amts wegen. Eine entgeltliche Verfügung wird regelmäßig angenommen, wenn der Käufer ein unbeteiligter Dritter ist und sich hinsichtlich der Kaufpreishöhe keine Bedenken aufdrängen. Falls ja, kann das Grundbuchamt die Vorlage eines **Verkehrswertgutachtens** verlangen. Steht allerdings die Unentgeltlichkeit der Verfügung fest, muss die Zustimmung der Erben in der Urkundsform des § 29 GBO nachgewiesen werden.

cc) Keine Verfügungen bei Auseinandersetzungsverbot. Hat der Erblasser die **Auseinandersetzung verboten** (§ 2044 BGB), ist die Verfügungsmacht des Testamentsvollstreckers in der Regel dinglich beschränkt, mit der Folge, dass die Auseinandersetzung nur bei Zustimmung aller verfügungsbefugten Erben wirksam ist.

dd) Keine In-Sich-Geschäfte des Testamentsvollstreckers. Gem. § 181 BGB kann ein Vertreter im Namen des Vertretenen mit sich im eigenen Namen oder als Vertreter eines Dritten ein Rechtsgeschäft nicht vornehmen, es sei denn, es ist ihm gestattet, oder das Rechtsgeschäft besteht ausschließlich in der Erfüllung einer Verbindlichkeit. Diese Norm, die einen **Interessenkonflikt** verhindern will, ist auf den Testamentsvollstrecker als Partei kraft Amtes zwar nicht unmittelbar, aber doch entsprechend anzuwenden, wenn er Rechtsgeschäfte in Bezug auf den Nachlass vornimmt, an denen er auf der anderen Seite des Rechtsgeschäfts im eigenen Namen beteiligt ist. Der Erblasser kann den Testamentsvollstrecker aber eine **Befreiung vom Selbstkontrahierungsverbot** erteilen.

Mustertext „Befreiung vom Selbstkontrahierungsverbot"

Der Testamentsvollstrecker ist von den Beschränkungen des § 181 BGB befreit.

Ohne eine derartige **Gestattung des Erblassers** kann das Selbstkontrahieren zulässig sein, wenn der Testamentsvollstrecker eine den Erben treffende (Nachlass-) **Verbindlichkeit erfüllt**.

BEISPIEL: Der Testamentsvollstrecker erfüllt ein ihm zugewandtes Vermächtnis durch Übereignung eines Nachlassgrundstückes an sich. Er hat hierzu dem Grundbuchamt unter Bezugnahme auf die Nachlassakten die in der letztwilligen Verfügung des Erblassers enthaltene Vermächtnisanordnung nachzuweisen.

ee) Beschränkungen der Rechte des Testamentsvollstreckers. Hat der Erblasser letztwillig angeordnet, dass der Testamentsvollstrecker über Nachlassgegenstände **in bestimmter Weise zu verfügen** hat (§ 2208 Abs. 1 S. 1 BGB), dann ist eine hierzu in Widerspruch stehende Verfügung des Testamentsvollstreckers in der Regel auch dinglich ausgeschlossen. Die Verfügung ist aber wirksam, wenn die Erben **zugestimmt** haben oder das Verfügungsverbot gem. § 2216 Abs. 2 S. 2 BGB vom Nachlassgericht außer Kraft gesetzt wurde.

Zusammenfassung Verfügungsgeschäfte des Testamentsvollstreckers

- **Grundsatz:** Alleiniges Verfügungsrecht des Testamentsvollstreckers über den Nachlass (§ 2205 S. 2 BGB)
- **Erste Ausnahme:** Keine unentgeltlichen Verfügungen (§ 2205 S. 3 BGB), es sei denn, Anstands- oder Pflichtschenkung.
- **Zweite Ausnahme:** Verfügung darf einem Auseinandersetzungsverbot (§ 2044 BGB) nicht zuwiderlaufen.
- **Verbot des Selbstkontrahierens (§ 181 BGB)**, es sei denn, Gestattung des Erblassers oder Erfüllung einer Verbindlichkeit des Erben.

IV. Auseinandersetzung des Nachlasses

Im Rahmen der **Auseinandersetzungsvollstreckung** muss der Testamentsvollstrecker die letztwillige Verfügung des Erblassers in dessen Testament, vor allem auch dessen Verwaltungsanordnung, ausführen. Der Testamentsvollstrecker ist derjenige, der auf Grund seiner Verfügungsmacht den Nachlass unter den Miterben und/oder Vermächtnisnehmern auseinandersetzt. Er muss deshalb:

- die letztwillige Verfügung des Erblassers im Testament ausführen (§ 2203 BGB),
- die Auseinandersetzung unter den Miterben bewirken (§ 2204 BGB),
- bis zum Abschluss der Auseinandersetzung den Nachlass verwalten (§ 2205 BGB).

Die Erfüllung dieser Aufgaben wird **Abwicklungsvollstreckung** genannt. Einzelheiten zur testamentarischen Anordnung einer Abwicklungsvollstreckung finden sich im 2. Kapitel I. 1.

1. Vorgaben des Erblassers

a) Teilungsanordnungen

Der Erblasser kann in seinem Testament bzw. Erbvertrag spezielle Anordnungen für die Auseinandersetzung seines Nachlasses treffen (§ 2048 S. 1 BGB). Diese Bestimmungen nennt man **Teilungsanordnungen**. Solche Anweisungen sind für die Auseinandersetzung maßgebend und haben Vorrang vor einer Nachlassteilung nach den allgemeinen, gesetzlichen Auseinandersetzungsregeln der Miterbengemeinschaft (§§ 2042, 749 ff. BGB).

Durch eine Teilungsanordnung wird ein Miterbe wertmäßig nicht begünstigt. Der Erblasser legt nur fest, welche Gegenstände aus dem Nachlass der jeweilige Miterbe bei der Auseinandersetzung erhalten soll. Der Wert des jeweils zugewiesenen Zustandes ist wertmäßig auf den Erbanteil des Empfängers **anzurechnen**. Daher muss ein Miterbe, der durch eine Teilungsanordnung mehr erhält als er nach seiner Erbquote bekäme, den **Mehrwert des Empfanges** den anderen Miterben auszahlen.

Mustertext „Teilungsanordnung"

> Meinen Pkw der Marke...... mit dem Kennzeichen...... erhält der Miterbe...... im Wege der Teilungsanordnung, also unter Anrechnung auf seinen Erbteil bzw. Ausgleichung aus seinem sonstigen Vermögen.

b) Erblasseranordnungen

Nicht selten geben Erblasser in ihrem Testament genau vor, was der Testamentsvollstrecker mit Nachlassgegenständen im Rahmen der Nachlassabwicklung tun oder unterlassen soll. Gefährden solche Vorgaben den Nachlass oder dessen Abwicklung, hat der Testamentsvollstrecker die Möglichkeit, hiergegen vorzugehen. Laut § 2216 Abs. 2 Satz 2 BGB kann der Testamentsvollstrecker eine Erblasseranordnung dann außer Kraft setzen lassen, wenn deren Befolgung den Nachlass erheblich gefährden würde. Das Antragsrecht für den Testamentsvollstrecker steht nicht zur Disposition des Erblassers, der es somit nicht testamentarisch ausschließen kann.

Eine Antragspflicht besteht für den Testamentsvollstrecker dann, wenn die ordnungsgemäße Verwaltung des Nachlasses die Beseitigung der Erblasseranordnungen erforderlich macht. In diesem Fall muss der Antrag an das Nachlassgericht auf Außerkraftsetzung der Anordnung gestellt werden.

Mustertext „Antrag auf Außerkraftsetzung einer Erblasseranordnung"

> Es wird beantragt zu beschließen, die Anordnung des Erblassers, Herrn. . . . . . in seinem Testament vom. . . . . ., die Immobilie in Köln,.. . . . . .-Str., nicht unter 280.000 Euro zu verkaufen, außer Kraft zu setzen.
> Zur Begründung wird vorgetragen, dass zwei unabhängige Makler festgestellt haben, dass ein höherer Preis als 150.000 Euro hierfür am Markt nicht zu erzielen ist. Die Immobilie kann nicht verkauft und damit der Nachlass nicht aufgeteilt werden, wenn die Anordnung des Verstorbenen nicht außer Kraft gesetzt wird.

c) Vorausvermächtnisse

Soll der Miterbe dagegen den Nachlassgegenstand **ohne Anrechnung** auf seinen Erbteil, also zusätzlich zu seiner Erbquote erhalten und den Mehrwert den übrigen Miterben gegenüber nicht ausgleichen, ist der Nachlassgegenstand dem jeweiligen Miterben als **Vorausvermächtnis** (§ 2150 BGB) zuzuordnen. Um nach dem Tod des Erblassers eine Auseinandersetzung über die Frage, ob eine Teilungsanordnung oder ein Vorausvermächtnis angeordnet war, zu vermeiden, ist dringend zu empfehlen, dies in der letztwilligen Verfügung eindeutig und zweifelsfrei zu formulieren.

Mustertext „Vorausvermächtnis"

> Meinen Pkw (Nachlassgegenstand) erhält der Miterbe . . . . . . im Wege des Vorausvermächtnisses, also ohne Anrechnung auf seinen Erbteil und ohne Ausgleichung aus seinem sonstigen Vermögen.

d) Teilung nach „billigem Ermessen"

Der Erblasser darf in seinem Testament auch bestimmen, dass die Nachlassauseinandersetzung nach billigem **Ermessen** durch den Testamentsvollstrecker erfolgt (§ 2048 S. 2 BGB). Dann ist der Testamentsvollstrecker bei der Auseinandersetzung verhältnismäßig frei.

An die strengen Regeln der Miterbauseinandersetzung (§§ 2042, 749 ff. BGB) muss er sich nicht halten. Offenbar unbillige Auseinandersetzungen darf er jedoch nicht treffen (§ 2048 S. 3 BGB). Allerdings kann der Testamentsvollstrecker auch zu dem Ergebnis gelangen, dass ein Miterbe nichts erhalten soll, was die Rechtsprechung ausdrücklich gebilligt hat. Das ist vor allem dann anzunehmen, wenn ein Miterbe alleine Schulden des Nachlasses aus seinem eigenen Vermögen getilgt hat, die so hoch waren, dass ihm der gesamte Nachlass dafür zugeordnet wird und andere Miterben infolge dessen aus dem Nachlass nichts mehr erhalten. Der Erblasser darf dem Testamentsvollstrecker in der Regel alle Befugnisse, die er einem Dritten ansonsten auch übertragen könnte, ebenfalls übertragen (z. B. diejenigen Befugnisse, die sich aus §§ 2151, 2153 bis 2156, 2193, 1048 BGB ergeben). Er darf ihn auch zum **Schiedsgutachter** oder mit schiedsgerichtlichen Aufgaben aller Art betrauen. Jedoch darf dadurch nicht das **Drittbestimmungsverbot** umgangen werden (§ 2065 BGB). Dieses besagt, dass nur der Erblasser bestimmen kann, wer Erbe oder sonstiger Begünstigter laut seinem Testament wird. Deshalb darf der Testamentsvollstrecker nicht ermächtigt werden, über die Gültigkeit der Testamentsvollstreckung selbst oder gar des gesamten Testamentes zu entscheiden; **Richter in eigener Sache** darf der Testamentsvollstrecker nie sein.

Praxishinweis:

Der Erblasser sollte den Testamentsvollstrecker deshalb vor allem **Regeln für die Auseinandersetzung** des Nachlasses vorgeben. Soll der Testamentsvollstrecker die Auseinandersetzung des Nachlasses nach billigem Ermessen durchführen, muss er hierzu im Testament ausdrücklich ermächtigt sein.

Weil der Testamentsvollstrecker nicht nur die Auseinandersetzung des Nachlasses, sondern auch andere Aufgaben zugewiesen bekommen kann, ist bei der Testamentserrichtung das Augenmerk darauf zu legen, dass sein späteres Tätigwerden genau bestimmt wird. Dies kann sogar so weit gehen, dass der Testamentsvollstrecker nach den testamentarischen Vorgaben des Verstorbenen eine Stiftung gründen und die entsprechende Stiftungssatzung errichten muss, wie das

Oberlandesgericht München entschieden hat (31 Wx 144/13). In der Praxis wird die Testamentsvollstreckung überwiegend zur Auseinandersetzung des Nachlasses als einzige Aufgabe angeordnet. Dies beinhaltet jedoch vielfältige und auch haftungsträchtige Maßnahmen, die er letztendlich durchführen muss; keinesfalls beschränkt sich die Nachlassauseinandersetzung nur auf die Aufteilung der Nachlassgegenstände!

Mustertext „Nachlassauseinandersetzung nach billigem Ermessen"

> Der Testamentsvollstrecker hat die Auseinandersetzung des Nachlasses nach billigem Ermessen durchzuführen.

e) Teilung nach allgemeinen Regeln

Herrscht Streit unter den Miterben und fehlt eine solche Ermächtigung zu Gunsten des Testamentsvollstreckers, ist er bei der Auseinandersetzung des Nachlasses an die **allgemeinen gesetzlichen Regeln gebunden** (§§ 2204 Abs. 2, 2042 bis 2056 BGB i.V. m. §§ 749 bis 758 BGB).

f) Teilung bei unbekannten oder abwesenden Miterben

Nicht selten scheitert die zügige Auseinandersetzung einer Miterbengemeinschaft daran, dass ein Miterbe unbekannt, unbekannten Aufenthaltsorts oder postalisch nicht erreichbar ist. Dennoch hat der Testamentsvollstrecker Möglichkeiten, diese Hindernisse zu überwinden:

Laut § 1960 Abs. 1 Satz 2 BGB kann das Nachlassgericht bis zur Annahme der Erbschaft zur Sicherung des Nachlasses eine **Nachlasspflegschaft** anordnen, wenn der Erbe „unbekannt" ist. Der Erbe ist unbekannt, wenn er seiner Person nach aus Sicht des Nachlassgerichts nicht mit hoher Wahrscheinlichkeit feststeht, sei es aus tatsächlichen oder rechtlichen Gründen. In der Praxis werden nicht selten Testamente wegen angeblicher Testierunfähigkeit des Erblassers angefochten. Auch dies führt zur Anwendung des § 1960 Abs. 1 BGB, sei es für die gesamte Erbschaft oder auch nur einen entsprechenden Erbteil. Das Nachlassgericht wird jedoch lediglich auf Antrag eines am Nachlass Beteiligten oder Nachlassgläubigers tätig.

Praxishinweis:

Ist der Erbe unbekannt, sollte der Testamentsvollstrecker eine Nachlasspflegschaft für den Erbteil des unbekannten Miterben beim Nachlassgericht beantragen. Dem Nachlasspfleger kann er bei der Auseinandersetzung der Erbschaft den dem unbekannten Miterben zustehenden Erbteil aushändigen.

Ist der Erbe bekannt, jedoch sein Aufenthaltsort nicht, ist eine **Abwesenheitspfleger** für den bekannten, ortsabwesenden Miterben nach § 1911 Abs. 1 BGB zu beantragen, der ihn dann im Rahmen seines Aufgabenkreises bei der Erbauseinandersetzung vertritt. Die von § 1911 Abs. 1 Satz 1 BGB geforderte „Abwesenheit" liegt vor, wenn der Miterbe an seinem Wohnsitz nicht erreichbar ist und diese Erreichbarkeit trotz Nachforschungen auch nicht erlangt werden kann. Eine Verschollenheit nach dem VerschG ist hierzu nicht erforderlich.

Praxishinweis:

Zuständig zur Einrichtung der Abwesenheitspflegschaft nach § 1911 BGB ist das Betreuungsgericht, nicht das Nachlassgericht.

2. Auseinandersetzungsplan

a) Verbindlicher Teilungsplan

Der umsichtige Testamentsvollstrecker versucht zunächst, eine **gütliche Regelung unter den Miterben** und den Abschluss eines **Erbauseinandersetzungsvertrages** herbeizuführen. Ist dies nicht durchführbar, ist das formelle Auseinandersetzungsverfahren einzuleiten. Dazu muss der Testamentsvollstrecker einen **Auseinandersetzungsplan** aufstellen (§ 2204 Abs. 2 BGB). Der aufgestellte und den Miterben zugegangene Auseinandersetzungsplan ist für alle Beteiligten bindend. Er verpflichtet und berechtigt somit die Erben. Dies geschieht zu demjenigen Zeitpunkt, zu welchem der Testamentsvollstrecker endgültig erklärt, dass er die Auseinandersetzung der Erbschaft nach dem Plan nun vornehmen wird. Sind die Erben mit dem aufgestellten Auseinandersetzungsplan nicht einverstanden, können sie **Feststellungsklage** zum **Prozessgericht** erheben, dass der Auseinandersetzungsplan deshalb unwirksam ist, weil er nicht dem Willen des Erblassers entspricht.

Eine **Genehmigung des Nachlassgerichts** ist weder möglich noch erforderlich und auch nicht zulässig.

Praxishinweis:

Werden **land- und forstwirtschaftliche Grundstücke** durch den Plan einzelnen Miterben zugewiesen, ist für die Umschreibung dieser Grundstücke die Genehmigung nach dem Grundstücksverkehrsgesetz notwendig, wenn die Grundstücke größer als 1 ha sind (§ 1 GrdstVG).

b) Beschränkungen der Teilungsmöglichkeit

Der Testamentsvollstrecker muss den Miterben einen Auseinandersetzungsplan vorlegen, der einer möglichen Auslegung des im Testament dokumentierten Erblasserwillens entspricht. Muss eine Auslegung des Testaments nicht vorgenommen werden, weil dies klar und eindeutig gefasst ist, bzw. die Teilungsanordnungen eindeutig sind, richtet sich die zu bewirkende Erbauseinandersetzung nach den allgemeinen gesetzlichen Vorschriften der §§ 2042 ff., 750 ff. BGB.

Eine **Teilauseinandersetzung** findet grundsätzlich nicht statt. Der Testamentsvollstrecker darf also einzelne Nachlassgegenstände vor der endgültigen Teilung des Nachlasses nicht einzelnen Miterben zuordnen oder an diese herausgeben. Nur unter bestimmten Voraussetzungen ist eine Teilauseinandersetzung zulässig:

- Alle Erben und der Testamentsvollstrecker sind damit einverstanden.
- Die Teilauseinandersetzung erscheint im Interesse einer vernünftigen Nachlassverwaltung geboten und berechtigte Interessen der Miterben werden durch die Teilauseinandersetzung nicht verletzt.
- Nachlassverbindlichkeiten sind aus dem einzelnen Erbschaftsgegenstand nicht zu bezahlen.

- Der verbleibende Restnachlass wird durch den ausscheidenden Nachlassgegenstand nicht gefährdet, so dass daraus noch restliche Nachlassschulden (z. B. Erbschaftsteuer) problemlos bezahlt werden können.

Das gesetzliche System der Miterbauseinandersetzung ist auf eine **Gesamtauseinandersetzung** des Nachlasses angelegt. Auch wenn die Miterben vehement darauf drängen, einen Teilauseinandersetzungsvertrag über einzelne Nachlassgegenstände vorab zu schließen, sollte sich der Testamentsvollstrecker dagegen offensiv wehren.

Praxishinweis:

Vor einer teilweisen Auseinandersetzung des Nachlasses ist zu warnen. Bei fehlerhafter Durchführung haftet der Testamentsvollstrecker hierbei für jeden dadurch entstandenen Schaden persönlich!

Der Auseinandersetzungsplan ist ein lediglich einseitiges, jedoch gegenüber allen Miterben **mitzuteilendes** Rechtsgeschäft. Der Plan kann auch **formlos** (also ohne Mitwirkung eines Notars) ausgestellt werden, was auch dann möglich ist, wenn im Nachlass Grundstücke sind.

c) Vollzug des Teilungsplans

Der Auseinandersetzungsplan hat lediglich eine „schuldrechtliche Wirkung". Dies bedeutet, dass er durch einzelne Vollzugsakte anschließend durchgeführt und umgesetzt werden muss (ein Muster für einen Teilungsplan findet sich nachfolgend im 3. Kapitel IV. 2. h)).

d) Teilungsreife als Voraussetzung der Auseinandersetzung

Um die Nachlassverteilung vorzunehmen, muss die Erbschaft **teilungsreif** sein. Immer teilungsreif sind:

- Bargeld, Bankguthaben
- Aktien, Wertpapiere, Investmentanteile, Anleihen, in teilbarer Stückzahl
- Sonstige Geldforderungen

Teilbare Gegenstände sind in Natur zu teilen, also z. B. Bargeld ist den Miterben entsprechend deren Quote jeweils auszuhändigen.

Die meisten Nachlassgegenstände sind jedoch nie teilungsreif, wie z. B.:

- Grundstücke
- Fahrzeuge
- bewegliche Habe
- Unternehmen
- Patente und gewerbliche Schutzrechte.

Zur Vorbereitung der Auseinandersetzung muss der Testamentsvollstrecker zunächst die **Teilungsreife** herstellen. Wenn alle Miterben damit einverstanden sind, darf der Testamentsvollstrecker die unteilbaren Gegenstände auf einzelne Miterben aufteilen; dazu kann er beispielsweise Gutachten über den Wert der Einzelgegenstände einholen, anschließend gleichwertige Lose bilden und diese unter den Miterben verlosen. Sind die Miterben mit diesem Weg nicht einverstanden, sind die Gegenstände zu versilbern und anschließend der Erlös unter den Miterben aufzuteilen.

Der Testamentsvollstrecker darf in der Regel wählen, ob er den unteilbaren Gegenstand (z. B. ein Grundstück), durch **freihändigen Verkauf** oder **Versteigerung** in Geld umsetzt. Der freihändige Verkauf scheitert in der Praxis oft, da schon die Frage, wie hoch der Kaufpreis sein soll, Streit verursacht. **Bewegliche** Gegenstände der Erbschaft wird der umsichtige Testamentsvollstrecker durch freihändigen **Pfandverkauf** veräußern. Der Pfandverkauf kann auch durch einen Gerichtsvollzieher erfolgen, was in der Praxis kaum bekannt ist. Gerichtsvollzieher haben nämlich auch die staatliche Aufgabe, freihändige Pfandverkäufe vorzunehmen. Der örtlich zuständige Gerichtsvollzieher ist beim nächstgelegenen Amtsgericht zu erfragen. Dieselbe Aufgabe übernehmen öffentliche Versteigerungshäuser.

Praxishinweis:

Bei **Grundstücken** kann eine **Teilungsversteigerung** beantragt werden (§ 180 ZVG), um diese zu versilbern. Die alleinige Befugnis, die Versteigerung zu beantragen liegt beim Testamentsvollstrecker, nicht bei den einzelnen Miterben. Stellt ein Miterbe selbst einen Teilungsversteigerungsantrag kann der Testamentsvollstrecker dies entweder genehmigen (was das Versteigerungsverfahren wirksam werden lässt) oder er muss dagegen mit einem sogenannten Erinnerungsverfahren nach § 766 ZPO vorgehen

Wünsche der Erben zu den **Versteigerungsbedingungen** (z. B. dass die Versteigerung nur unter den Miterben stattfindet), sind zu berücksichtigen und vorab immer zu erfragen. Darauf, dass sich die Marktlage bei Grundstücken bessert und dadurch ein höherer Erlös zu erzielen ist, muss der Testamentsvollstrecker nicht zuwarten. Der Erblasser darf für die Veräußerung oder gar **Versteigerung** bereits im Testament auf Grund seiner grundrechtlich geschützten Testierfreiheit spezielle Anordnungen treffen. Er kann z. B. anordnen, dass der Testamentsvollstrecker bestimmte Nachlassgegenstände nur an einen bestimmten Personenkreis (z. B. Miterben, Familienangehörige, usw.) verkaufen oder nur innerhalb dieses Personenkreises versteigern (lassen) darf (§ 753 Abs. 1. S. 2 BGB).

e) Vorwegberichtigung der Nachlassverbindlichkeiten

Um den Auseinandersetzungsplan aufzustellen, muss der Testamentsvollstrecker zunächst auch den Schuldenstand ermitteln (§ 2205 BGB). Die **Nachlassverbindlichkeiten** muss er zuvörderst aus dem Nachlass bezahlen (§§ 2046, 755 BGB). Die Nachlassverbindlichkeiten umfassen insbesondere:

- die vom Erblasser herrührenden Erblasserschulden
- die durch den Todesfall entstandenen Erbfallschulden (z. B. Bestattungskosten, Pflichtteilzahlungen, Vermächtnisse).

Ist streitig, ob solche **Schulden** bestehen, muss der Testamentsvollstrecker den zu ihrer Bezahlung notwendigen Betrag auf jeden Fall zurück behalten und darf nicht vorschnell die Nachlassauseinandersetzung betreiben.

Praxishinweis:

Damit der Testamentsvollstrecker rechtsverbindlich weiß, ob er **streitige Nachlassverbindlichkeiten** bezahlen darf, sollte er zunächst die Zahlung verweigern und sich notfalls von einem Gläubiger auf die Zahlung verklagen lassen, sofern er keine Einigung mit den Miterben über die Zahlungsberechtigung erzielt.

Auf den Testamentsvollstrecker können mannigfaltige Nachlassverbindlichkeiten zukommen. Hatte der Erblasser z. B. noch Handwerker beauftragt, Käufe getätigt oder sonstige rechtliche Verpflichtungen begründet, diese aber vor seinem Tode nicht mehr bezahlen oder erfüllen können, bestreiten nicht selten die Erben die Rechtmäßigkeit dieser Geschäfte mit angeblicher Willensschwäche oder gar **Geschäftsunfähigkeit** des Verstorbenen. Der Testamentsvollstrecker darf bei solch bestrittenen Forderungen nicht vorschnell Zahlungen aus dem Nachlass leisten, sondern muss entweder Rückstellungen aus dem Nachlass hierfür bilden oder Gerichtsprozesse darüber führen. Aus einem Postnachsendeauftrag oder durch Informationen Dritter können sich Anhaltspunkte für zusätzliche, bisher nicht ersichtliche Nachlassverbindlichkeiten des Erblassers ergeben. Taucht eine solche Information auf, sollte der Testamentsvollstrecker den Gläubiger anschreiben und um Auskunft über die etwaige Nachlassverbindlichkeit bitten.

Mustertext „Anschreiben an Gläubiger zur Feststellung einer Nachlassverbindlichkeit"

An (Gläubiger)

Betreff: Ihre Rechnung vom......

Sehr geehrter Herr (Gläubiger),

wie Sie aus anliegender beglaubigter Kopie meines Testamentsvollstreckerzeugnisses vom...... entnehmen können, bin ich zum Testamentsvollstrecker über den Nachlass des am...... verstorbenen Herrn X bestellt worden. Im Zuge der Ermittlung des Nachlassumfanges/Mittels Postnachsendeantrag wurde mir Ihre im Betreff genannte Rechnung zugänglich gemacht. Der Erblasser soll demnach bei Ihnen...... gekauft haben. Eine verbindliche Bestellung oder Bestätigung der Lieferung des angeblich gelieferten Artikels konnte ich in den Unterlagen des Erblassers nicht auffinden. Bitte übersenden Sie mir deshalb einen entsprechen-

den Nachweis, damit ich die Rechnung prüfen und bei entsprechender Berechtigung Ihre Forderung im Zuge der Nachlassauseinandersetzung berücksichtigen kann. Vorsorglich erhebe ich in meiner Eigenschaft als Testamentsvollstrecker die Dreimonatseinrede gem. § 2014 BGB.
Mit freundlichen Grüßen
Testamentsvollstrecker

Ist die Berechtigung der **Erbfallschulden** geklärt, fragt sich oft, in welcher **Reihenfolge** diese zu tilgen sind. Die Erbfallschulden können mannigfaltiger Natur sein, z. B. aus offenen Rechnungen, die der Erblasser noch nicht bezahlt hatte, herrühren. Um nicht einzelne Gläubiger zu bevorteilen oder zu benachteiligen, muss der Testamentsvollstrecker darauf achten, die richtige Reihenfolge der Schuldentilgung vorzunehmen. Der Testamentsvollstrecker kann sich hier an die Leitlinien der in § 327 der Insolvenzordnung genannten Aufzählung halten. Für den Rang der Forderungen von Erbfallschulden gilt die in § 327 InsO getroffene Festlegung.

Reichen die flüssigen Gelder hierzu nicht aus, ist zur Schuldentilgung der Nachlass ganz oder teilweise nach den vorbezeichneten Regeln zu verkaufen. Welche Nachlassgegenstände hierfür versilbert werden, entscheidet der Testamentsvollstrecker, nicht die Miterben. Mit diesen sollte er zuvor jedoch Rücksprache nehmen und sich mit ihnen abstimmen. Auch wenn die Letztentscheidung über die Frage, welche Nachlassgegenstände zur Schuldentilgung versilbert werden, beim Testamentsvollstrecker liegt, wird der umsichtige Testamentsvollstrecker gerade bei diesem Thema vorab die **Abstimmung mit den Miterben** suchen. Da der Nachlass letztendlich den Miterben auszuhändigen ist, haben diese von Natur aus ein gesteigertes Interesse daran, den Nachlass soweit als möglich bis zur Aushändigung an diese zu erhalten. Fehlende oder nicht rechtzeitige Information und Rücksprache mit den Miterben bei der Versilberung einzelner Nachlassgegenstände führt in der Regel zu heftigem Streit zwischen allen Beteiligten. Sind Verbindlichkeiten zwar bereits bekannt, aber noch nicht fällig, z. B. die Erbschaftsteuer, ist der erforderliche Betrag aus der Erbmasse **zurückzubehalten** (§ 2046 Abs. 1 S. 2 BGB). Insoweit muss der Testamentsvollstrecker Rücklagen bilden, deren

Überschüsse er erst dann den Erben aushändigen darf, wenn tatsächlich alle Schulden bezahlt worden sind.

Sind Schulden streitig, ist ein Gerichtsverfahren unumgänglich. Nur so erhält der Testamentsvollstrecker Rechtssicherheit und -gewissheit, ob er diese aus dem Nachlass zahlen darf oder nicht. Im Zweifel sollte er sich deshalb vom Gläubiger verklagen lassen.

f) Verteilung des Überschusses

Der Überschuss, der nach der Tilgung der Nachlassverbindlichkeiten verbleibt, ist auf die Erben nach deren Erbquoten und den Anordnungen des Erblassers zu verteilen.

Praxishinweis:

Der Testamentsvollstrecker sollte bei nicht eindeutigen Erbquoten einen **Erbschein** beantragen, um eine sichere Basis für die Nachlassverteilung zu haben.

Die zu verteilende Nachlassmasse umfasst auch **Pflichtteilsansprüche,** die der Testamentsvollstrecker zuerst selbst geltend machen muss, wenn ein solcher Anspruch im Nachlass des Verstorbenen ist; das ist immer dann der Fall, wenn der Erblasser selbst (!) pflichtteilsberechtigt war, seinen Pflichtteilsanspruch aber nicht oder noch nicht angemeldet hatte. Das ist dann Aufgabe des Testamentsvollstreckers im Rahmen einer Abwicklungsvollstreckung, der dieses Recht geltend machen und den Erlös bei der späteren Auseinandersetzung mitverteilen muss.

Bei der Verteilung sind **Ausgleichungen** zu berücksichtigen. Ob solche bestehen, weiß der Testamentsvollstrecker in der Regel nicht. Daher hat er gegen die Miterben einen Anspruch auf Mitteilung ausgleichungspflichtiger Beträge (§ 2057 BGB). Ausgleichspflichtige Zuwendungen muss der Testamentsvollstrecker von sich aus erfragen, um diese bei der späteren Teilung berücksichtigen zu können. Unterlässt er dies, ist er den übrigen Miterben gegenüber persönlich haftbar, da die Ausgleichungspflicht von Gesetzes wegen zu beachten ist. Diesen Vorgaben unterliegt auch der Testamentsvollstrecker. Er ist daher verpflichtet, vor der Nachlassauseinandersetzung diese Informationen von den Miterben einzuholen.

Praxishinweis:

Miterben müssen dem Testamentsvollstrecker umfassend Auskunft über ausgleichungspflichtige Zuwendungen geben. Der in der Praxis häufig auftretenden „Mauertaktik" der Auskunftsverpflichteten, die von Verschweigen, angeblicher Unkenntnis oder einer „Salamitaktik" bei der Auskunft reichen kann, ist unzulässig. Auch dass Kontoauszüge von den Banken nur 10 Jahre aufbewahrt werden, entlastet den Auskunftspflichtigen für zeitlich davor liegende Zuwendungen und deren Offenbarung nicht. Mit solchen Ausreden darf sich der Testamentsvollstrecker nicht zufrieden geben, andernfalls er einen haftungsträchtigen Fehler bei der Nachlassermittlung und späteren Nachlassteilung begeht.

Der Testamentsvollstrecker sollte bereits in seinem **Erstanschreiben an die Miterben** nach ausgleichungspflichtigen Zuwendungen des Erblassers fragen.

Als **ausgleichungspflichtig** Zuwendung kommen in Frage:

- Was gesetzliche Erben zu Lebzeiten als Ausstattung erhielten (§ 2050 Abs. 1 BGB);
- Übermäßige Zuschüsse zum Lebensunterhalt (§ 2050 Abs. 2 BGB);
- Übermaßaufwendungen für eine Berufsausbildung (§ 2050 Abs. 2 BGB);
- Zuwendungen, deren späterer Ausgleich ausdrücklich angeordnet wurde (§ 2050 Abs. 3 BGB);
- Pflegetätigkeit oder Mitarbeit des Kindes im Haushalt, Beruf oder Geschäft des Erblassers (§ 2057a BGB).

Die Berechnung der Ausgleichung ist oft schwierig und ein großer Ansatzpunkt für Streit unter den Miterben.

Wurde der Erblasser von einem seiner Kinder gepflegt, sind gem. § 2057a Abs. 1 BGB dessen **Pflegeleistungen im Todesfall** auszugleichen. Nach der zum 1.1.2010 geänderten Gesetzesfassung dieser Vorschrift ist es nicht mehr notwendig, dass das pflegende Kind auf ein berufliches Fortkommen verzichtet, um überhaupt einen Ausgleich für seine Pflegetätigkeiten zu erhalten. Der Testamentsvollstrecker, welcher diese Ausgleichung für vorangegangene Pflegeleistung eines Kindes im Rahmen der Nachlassauseinandersetzung berücksichtigen will, sollte sich daher genau aufschlüsseln lassen, welches Maß und welchen zeitlichen Umfang die getätigte Pflege besaß. Andernfalls wird er keine tragfähige Grundlage besitzen, um diese Ausgleichung den übrigen Miterben gegenüber vertreten und durchsetzen zu können. Darüber hinaus benötigt er diese Aufstellungen, um eine geldliche Bewertung dieser Pflegetätigkeiten vornehmen und in seinen Auseinandersetzungsplan aufnehmen zu können. Entsteht Streit über Maß und zeitlichen Umfang der Pflegetätigkeit, ist dies letztlich nur durch einen Gerichtsprozess zu klären.

Praxishinweis:

Führt der Vollzug des Auseinandersetzungsplanes zu einer Entnahme aus einem Firmenvermögen oder zu einem Veräußerungsgewinn, können **stille Reserven** mit Einkommensteuer belastet werden.

g) Steuerliche Auswirkungen der Teilung

Der Testamentsvollstrecker ist verpflichtet, auch etwaige **steuerliche Auswirkungen seiner Nachlassauseinandersetzung** zu berücksichtigen. Insbesondere wenn im Nachlass Firmen, Geschäftsanteile oder Firmenbeteiligungen sind, die im Rahmen der Auseinandersetzung durch den Testamentsvollstrecker zugeteilt werden, drohen zu Lasten der Erben steuerliche Konsequenzen. Ist es dem Testamentsvollstrecker mangels eigener Sachkunde nicht möglich, diese korrekt und vollständig abzuschätzen, sollte er sich steuerlichen Rat vor Auseinandersetzung des Nachlasses hierzu einholen.

Bevor der Auseinandersetzungsplan aufgestellt wird, sollte er auf seine steuerlichen Folgen geprüft werden. Wird hierzu ein **Steuerberater** beauftragt, sollten sich die Miterben wegen der anfallenden Kosten erkundigen.

h) Formalien des Teilungsplans

Die Aufstellung des Auseinandersetzungsplanes stellt eine der Kardinalspflichten des Testamentsvollstreckers dar. Er muss darauf achten, dass der Auseinandersetzungsplan vollständig, exakt und nachvollziehbar für die Beteiligten ist. Bei der Erstellung des Auseinandersetzungsplanes ist der Testamentsvollstrecker keinen starren, formalen Regeln unterworfen.

Mustertext „Auseinandersetzungsplan"

Plan über die Auseinandersetzung des Nachlasses von N.N. verstorben am......

I. Aktivnachlass:	
1. Bargeld	€ 1.000,00
2. Guthaben Konto Nr. .... bei der Bank X	€ 49.000,00
3. Wertpapiere, Depot Nr. .... bei der Bank X, Kurswert	€ 150.000,00
Summe	€ 200.000,00
II. Verbindlichkeiten:	
1. Beerdigungskosten	€ 7.500,00
2. Vermächtnis zugunsten der Christoffel-Blindenmission Deutschland e. V., Nibelungenstr. 124, 64625 Bensheim	€ 7.500,00
3. Vergütung und Auslagen des Testamentsvollstreckers	€ 5.000,00
Summe	€ 20.000,00
III. Reinnachlass	€ 180.000,00

B. Erben sind laut Erbschein des Amtsgerichts A vom......

Frau W (Witwe) zu 1/2,

Frau T (Tochter) zu 1/4,

Herr S (Sohn) zu 1/4.

C. Aufteilung

Die Verbindlichkeiten werden noch erfüllt. Der Rest im Wert von wird wie folgt aufgeteilt:		€ 180.000,00
I. Frau W erhält	vom Guthaben	€ 15.000,00
	Wertpapiere im Kurswert von	€ 75.000,00
	Summe	€ 90.000,00
II. Frau T erhält	vom Guthaben	€ 7.500,00
	Wertpapiere im Kurswert von	€ 37.500,00
	Summe	€ 45.000,00

III. Herr S erhält	vom Guthaben	€ 7.500,00
	Wertpapiere im Kurswert von	€ 37.500,00
	Summe	€ 45.000,00
		€ 180.000,00

Aufteilung der Wertpapiere (Bestand laut Depotauszug vom ......)

Nachlassbestand	An Frau W	An Frau T	An Herrn S
Bundesschatzbriefe i.W.v. € 150.000,00	€ 75.000,00	€ 37.500,00	€ 37.500,00
BASF-Aktien 1.000 Stück	500	250	250
usw.			

......, den......

......
Testamentsvollstrecker

3. Auseinandersetzungsvertrag

a) Einvernehmliche Nachlassteilung

Den Erben steht es frei, mit dem Testamentsvollstrecker einen **Erbauseinandersetzungsvertrag** abzuschließen. Dadurch können alle erbrechtlich Beteiligten einvernehmlich eine Grundlage schaffen, auf der die Auseinandersetzung des Nachlasses erfolgen kann. Es ist nicht notwendig, dass dem Auseinandersetzungsvertrag ein Teilungsplan vorausgeht. Gegen den Willen des Testamentsvollstreckers oder ohne dessen Beteiligung können die Erben hingegen keinen Auseinandersetzungsvertrag schließen.

Wenn alle Miterben dem zunächst vorgelegten Teilungsplan des Testamentsvollstreckers zustimmen, ist bereits hierdurch ein solcher Vertrag zustande gekommen. Dies gilt jedoch nicht, wenn sie zum Teilungsplan nur angehört werden und sich dazu nicht äußern oder gar widersprechen. Sind in der letztwilligen Verfügung auch **Vor- und Nacherben** bezeichnet oder **Vermächtnisse** ausgesetzt, und soll ein Auseinandersetzungsvertrag abgeschlossen werden, besteht das Zustimmungserfordernis auch für die Nacherben sowie Vermächtnisnehmer, sofern deren Vermächtnisse noch nicht erfüllt sind.

Praxishinweis:

Der Testamentsvollstrecker sollte immer versuchen, einen Auseinandersetzungsvertrag abzuschließen. Er kann darin seine **Haftung** begrenzen, seine **Vergütung** regeln, eine Haftungsfreistellung für seine Tätigkeit aufnehmen und auch einvernehmlich mit den Erben von den Anordnungen des Erblassers abweichen, wenn alle Miterben damit einverstanden sind.

b) Beachtung von Auseinandersetzungsverboten

Der Erblasser darf in seinem Testament die Nachlassauseinandersetzung für einen bestimmten Zeitraum ausschließen, regelmäßig längstens für 30 Jahre. An ein solches Auseinandersetzungsverbot ist der Testamentsvollstrecker gebunden. Ist er sich jedoch mit allen Miterben einig, entgegen des Verbots die Auseinandersetzung vorzunehmen, kann die Erbteilung erfolgen. Dadurch können sich auch alle erbrechtlich Beteiligten über eine Teilungsanordnung hinwegsetzen.

Keinesfalls darf jedoch der Testamentsvollstrecker sich über ein ausdrückliches Auseinandersetzungsverbot bezüglich des gesamten Nachlasses – auch nicht im Einvernehmen mit den Erben – hinwegsetzen und den eigenen Willen der Erben umsetzen. Handlungsmaxime ist ausschließlich der Wille des Erblassers, nicht diejenige der Erben.

c) Form des Auseinandersetzungsvertrags

Einer bestimmten **Form** bedarf der Auseinandersetzungsvertrag in der Regel nicht. Sind aber Vereinbarungen aufgenommen, welche nach den allgemeinen gesetzlichen Bestimmungen formbedürftig sind (z. B. die Zuteilung von Grundstücken) ist die notarielle Form gem. § 311b Abs. 1 BGB vorgeschrieben; auch bei der Übertragung von GmbH-Anteilen nach § 15 GmbHG müssen diese Formvorschriften – in der Regel **notarielle Beurkundung** – eingehalten werden. Nicht selten übernimmt ein Miterbe Erbteile eines anderen. Dies stellt noch keinen formbedürftigen Erbteilskauf dar, sondern ist in der Regel ein formfreier Auseinandersetzungsvertrag und kann deshalb ohne Inanspruchnahme eines Notars geregelt werden. Nur wenn ein Miterbe aus der Erbengemeinschaft ausscheiden will und vom Testamentsvollstrecker dafür als „Abfindung“ ein Grundstück zugeteilt erhält, ist diese Vereinbarung wiederum notariell zu beurkunden.

4. Anhörungsrecht der Erben

a) Anhörung vor Teilung des Nachlasses

Die Miterben haben einen Anspruch auf **rechtliches Gehör**, wenn der Testamentsvollstrecker einen Auseinandersetzungsplan erstellt. Daher ist es zweckmäßig, wenn vor der Erstellung des endgültigen Planes der Testamentsvollstrecker zunächst einen **vorläufigen Auseinandersetzungsplan** fertigt. Hierzu kann er dann die Erben anhören und deren Meinungen, Wünsche und weitere Auseinandersetzungsvorschläge sammeln. Erst im Anschluss daran sollte der fertige Auseinandersetzungsplan aufgestellt werden.

Praxishinweis:

Der **Entwurf** des Auseinandersetzungsplans kann jederzeit noch geändert werden. Er sollte mit „Entwurf" oder „vorläufiger Auseinandersetzungsplan" ausdrücklich überschrieben werden.

Die vorher durchgeführte **Anhörung der Erben** erleichtert es letztendlich allen Beteiligten, deren eigene Vorstellungen zur Auseinandersetzung einzubringen, bevor diese tatsächlich durchgeführt wird. Letztendlich wirken dadurch alle an der Auseinandersetzung Beteiligten mit, was eine positive Atmosphäre zwischen den Miterben und dem Testamentsvollstrecker bewirkt. Dies ist nicht zu unterschätzen, da auf diese Weise rechtzeitig etwaigen Meinungsverschiedenheiten oder gar Gerichtsprozessen der Wind aus dem Segel genommen werden kann. Die frühzeitige Anhörung der Miterben zum beabsichtigten Auseinandersetzungsplan des Testamentsvollstreckers stellt für diesen eine geeignete Möglichkeit dar, schiedlich-friedlich seine Aufgaben zu erledigen.

Mustertext „Anhörung der Erben zum Auseinandersetzungsplan"

An den Erben……
per Einschreiben/Rückschein
Wegen: Auseinandersetzungsplan zum Nachlass des Erblassers…… Sehr geehrter Herr……, in o. g. Angelegenheit habe ich als Testamentsvollstrecker auf der Grundlage des Testaments des Erblassers vom…… und unter Berücksichtigung der gesetzlichen Vorschriften den beiliegenden Auseinandersetzungsplan aufgestellt. Ich darf Ihnen hiermit die Möglichkeit zu Ihrer Stellungnahme zu anliegendem Plan geben. Sofern ich nicht bis zum…… Gegenteiliges von Ihnen höre, gehe ich von Ihrem Einverständnis mit dem Auseinandersetzungsplan aus. Auf dessen Grundlage werde ich dann die weiteren Schritte zur Nachlassauseinandersetzung und zum Vollzug des Planes durchführen.
Mit freundlichen Grüßen,
Testamentsvollstrecker

Erst wenn der endgültige Auseinandersetzungsplan vorliegt und ausgeführt bzw. umgesetzt werden soll, muss der Testamentsvollstrecker die Erben hierzu anhören. Zwar können die Erben auf ihre Anhörungsrechte verzichten, der Testamentsvollstrecker darf sie von sich aus jedoch nicht unbeachtet lassen. Würde der Testamentsvollstrecker sich über die Anhörungsrechte der Erben hinwegsetzen, kann dies einen Grund darstellen, ihn zu entlassen. Die Anhörungsrechte stellen das gesetzlich verbürgte rechtliche Gehör der Miterben dar, was der Testamentsvollstrecker nicht übergehen darf. Trotz **unterlassener Anhörung** ist der Auseinandersetzungsplan aber wirksam, der Testamentsvollstrecker ist aber möglichen Schadensersatzansprüchen der Erben ausgesetzt.

Schwierig ist die Anhörung, wenn der **Miterbe abwesend, unbekannt oder minderjährig** ist. Damit die Auseinandersetzung zügig durchgeführt werden kann, muss der Testamentsvollstrecker die Bestellung eines **Pflegers** beim Vormundschaftsgericht veranlassen und diesen anhören. Bei minderjährigen Erben kann dessen gesetzlicher Vertreter angehört werden; ist dieser selbst Miterbe, muss wiederum ein Pfleger für den minderjährigen Miterben bestellt werden. Dem Testamentsvollstrecker ist daher bei Vorhandensein minderjähriger Miterben dringend anzuraten, sich umgehend mit dem Vormundschaftsgericht ins Benehmen zu setzen, ob ein Pfleger zu bestellen ist oder nicht. Je früher dieser Kontakt hergestellt wird, umso bereitwilliger werden die Eltern des minderjährigen Miterben den Tätigkeiten des Testamentsvollstreckers zustimmen, da er insoweit der Kontrolle des Vormundschaftsgerichtes unterliegt.

Praxishinweis:

Ist ein Miterbe minderjährig, abwesend oder unbekannt, muss der Testamentsvollstrecker zuvor einen Pfleger für die Anhörung zu seinem Auseinandersetzungsplan beim Vormundschaftsgericht beantragen.

Keinen Auseinandersetzungsplan muss der Testamentsvollstrecker aufstellen, wenn die Miterben die **Auseinandersetzung der Erbengemeinschaft dauerhaft ausschließen.** Es steht ihnen zu, zu vereinbaren, dass die Nachlassauseinandersetzung bei einer Abwicklungsvollstreckung dauerhaft ausgeschlossen wird. Mit diesem Beschluss der Miterben endet die Abwicklungsvollstreckung von selbst. Ein Erbschein, der die Beschränkung der Erben durch die Anordnung der Testamentsvollstreckung ausweist und ein Testamentsvollstreckerzeugnis sind vom Nachlassgericht daraufhin einzuziehen.

Ein Beschluss aller Miterben, die Auseinandersetzung hinsichtlich nur **eines einzelnen Nachlassgegenstandes** auszuschließen, ist ebenfalls möglich. Diesbezüglich endet die Testamentsvollstreckung dann gegenständlich. Über die restliche Erbschaft ist selbstverständlich die Auseinandersetzung durchzuführen.

b) Einverständnis der Erben zum Teilungsplan

Sind die Erben mit dem Auseinandersetzungsplan **einverstanden**, kann ihn der Testamentsvollstrecker **vollziehen.** Dazu sind z. B. das Grundbuch umzuschreiben, Bankkonten aufzulösen, Nachlassguthaben an die einzelnen Miterben zu transferieren, Wertpapiere aufzuteilen, usw. Häufig unterbreiten die Erben selbst Auseinandersetzungs- und **Aufteilungsvorschläge** des Nachlasses. Der Testamentsvollstrecker ist verpflichtet, sachliche, konkrete Auseinandersetzungsvorschläge der Miterben zu beantworten und in seine Überlegungen für die Schlussauseinandersetzung einzubeziehen. In der Regel sollten die Miterben ihre eigenen Vorschläge schriftlich dem Testamentsvollstrecker vorlegen, der diese dann in die Schlussauseinandersetzung einarbeiten kann. Die **Schriftform** erleichtert es vor allem dem Testamentsvollstrecker, die Stellungnahmen der Miterben für etwaige spätere „abweichende Meinungen" zu archivieren.

Praxishinweis:

Beantwortet der Testamentsvollstrecker in angemessener Zeit sachlich konkrete Auseinandersetzungsvorschläge der Miterben nicht, kann dies einen Grund zu seiner Entlassung nach § 2227 Abs. 1 BGB darstellen.

c) Zustimmung der Erben keine Teilungsvoraussetzung

Sind die Miterben mit dem Auseinandersetzungsplan **nicht einverstanden**, kann der Testamentsvollstrecker ihn dennoch umsetzen. Eine Genehmigung des Plans seitens der Erben ist weder notwendig noch erforderlich. Wenn die Miterben eine andere als vom Erblasser vorgegebene Auseinandersetzung vereinbaren, ist der Testamentsvollstrecker hieran nicht gebunden. Er muss dann ggf. den Erblasserwillen auch gegen den Willen der Erben durchsetzen.

Bereits mit dem **Zugang** des endgültigen Auseinandersetzungsplans bei den Erben wird der Plan von selbst bindend. Dies gilt sogar dann, wenn sich die Miterben zum Plan weder äußern oder damit nicht einverstanden sind. Dies hat zur Konsequenz, dass der endgültige Plan einseitig vom Testamentsvollstrecker nicht mehr geändert, rückgängig gemacht oder ergänzt werden kann.

Mit Einverständnis aller Erben kann aber der endgültige Auseinandersetzungsplan aufgehoben und durch einen neuen ersetzt werden. Der Auseinandersetzungsvertrag kann einvernehmlich jederzeit durch Zustimmung aller Beteiligten abgeändert oder ergänzt werden.

d) Klagemöglichkeiten der Erben gegen Teilungsplan

Ein Miterbe, der mit dem Auseinandersetzungsplan gar nicht einverstanden ist oder einzelne Punkte daran moniert, kann vor dem

Zivilgericht hiergegen eine **Klage auf Feststellung** der Unwirksamkeit des Teilungsplanes erheben. Eine allgemeine „Anfechtung“ ist unzulässig. In der Praxis hat die Rechtsprechung grundsätzlich die Tätigkeiten des Testamentsvollstreckers in Bezug auf die Durchführung des Auseinandersetzungsplanes gestärkt; nur wenn eklatante Fehler von ihm begangen oder gesetzliche bzw. testamentarische Vorgaben übergangen wurden, sind solche Klagen von Miterben erfolgreich.

Praxishinweis:

Die Klage richtet sich allein gegen den Testamentsvollstrecker, weil nur er die Auseinandersetzung durchführt.

5. Vollzug der Auseinandersetzung

Allein dadurch, dass ein Auseinandersetzungsplan oder -vertrag vorliegt, ist die Erbengemeinschaft noch nicht auseinandergesetzt. Der Plan bildet nur die Basis für die Teilung und muss daher noch **ausgeführt** werden. Die Umsetzung des Plans hängt von der Art der zugeteilten Nachlassgegenstände ab. Auch ob und welche Formvorschriften dabei zu beachten sind, hängt wiederum von der Art der zugeteilten Nachlassgegenstände (z. B. Grundstücke) ab:

- Bewegliche Gegenstände werden den Miterben ausgehändigt und übereignet
- Forderungen werden abgetreten
- Grundstücke sind an den jeweiligen Miterben aufzulassen, der Eigentumswechsel muss im Grundbuch eingetragen werden (hierzu ist ein notarieller Erfüllungsvertrag aufzusetzen).

Praxishinweis:

Werden landwirtschaftliche Flächen, die größer als 1 ha sind, vom Testamentsvollstrecker übertragen, ist zusätzlich eine Genehmigung nach dem Grundstücksverkehrsgesetz erforderlich.

Nicht selten wird im Rahmen des Vollzuges des Auseinandersetzungsplanes oder -vertrages von demjenigen Miterben, der das Grundstück zugeteilt erhält, verlangt, dass der Testamentsvollstreckervermerk im **Grundbuch** hinsichtlich des Übertragungsobjekts gelöscht wird. Diesem Verlangen ist in der Regel nachzukommen. Der im Grundbuch eingetragene Testamentsvollstreckervermerk ist jedoch dann ausnahmsweise nicht zu löschen, wenn durch das Testament die Fortdauer der Testamentsvollstreckung nach Erledigung der dem Testamentsvollstrecker sonst zugewiesenen Aufgaben am Erbteil gerade dieses Miterben weiterhin angeordnet ist. Diese Konstellation findet sich häufig bei Miterben, die geschieden, überschuldet oder behindert sind, so dass durch die angeordnete Testamentsvollstreckung der Zugriff Dritter (z. B. geschiedener Ehepartner, Gläubiger) auf diesen Erbteil vermieden werden soll.

Vom Testamentsvollstrecker vorgenommene **Schenkungen** sind unwirksam, selbst wenn ihnen teilweise Gegenleistungen gegenüberstehen, außer die Schenkung wird von den Erben genehmigt (§ 2205 BGB). Eine solche Schenkung kann bei der Auseinandersetzung und dem Vollzug des Teilungsplanes dann vorliegen, wenn der Testamentsvollstrecker einem Miterben wertmäßig mehr zuteilt, als dessen Erbquote entspricht.

Weiterhin sind Vermächtnisse und Auflagen durch den Testamentsvollstrecker zu erfüllen. Streitige **Pflichtteilsansprüche** darf dagegen nur der Erbe persönlich anerkennen, nicht aber der Testamentsvollstrecker. Hierzu hat er notfalls Rücklagen vor der Auseinandersetzung zu bilden.

Nicht selten ist einer der Miterben selbst zum Testamentsvollstrecker vom Erblasser berufen. Soll dann der Plan vollzogen werden, fragt sich, ob der Testamentsvollstrecker dies selbst wegen „Befangenheit" vornehmen darf. Die Rechtsprechung hat geklärt, dass in diesen Fällen davon auszugehen ist, dass der Erblasser den Testamentsvollstrecker trotz eines möglichen **Interessenkonflikts** die Vornahme dieser Rechtsakte gestattet hat. Das soll auch dann gelten, wenn er keine ausdrücklichen Befreiungen von den Beschränkungen des § 181 BGB (In-Sich-Geschäft) im Testament angeordnet hatte. Daher darf der Testamentsvollstrecker dasjenige, was er auf

Grund des Auseinandersetzungsplanes (oder auch -vertrages) annehmen kann, also z. B. auch Grundstücke, an sich selbst übertragen bzw. auflassen.

V. Steuerliche Pflichten des Testamentsvollstreckers

In aller Regel umfassen die Tätigkeiten des Testamentsvollstreckers auch steuerliche Maßnahmen. Diese können mannigfaltiger Natur sein, wie z. B. die Erstellung der **Erbschaftsteuererklärung**, Geltendmachung von Steuerforderungen gegenüber dem Finanzamt, usw. Auch der Vollzug der Auseinandersetzung kann steuerliche Folgen auslösen, die der Testamentsvollstrecker zuvor klären muss. Ist z. B. **Betriebsvermögen** im Nachlass, welches im Rahmen der Erbauseinandersetzung unter den Miterben zu verteilen ist, kann dies zu einer Entnahme aus dem Betriebsvermögen bzw. zu einem Veräußerungsgewinn führen. Hierdurch können stille Reserven aufgedeckt und mit nicht erwünschter **Einkommensteuer** belastet werden. Der Testamentsvollstrecker muss auch berücksichtigen, dass eine Erbengemeinschaft ein selbständiger Rechtsträger im Sinne des Grunderwerbsteuerrechts sein kann und er infolge dessen aus dem Nachlass unter Umständen **Grunderwerbsteuer** zahlen muss; das hat der Bundesfinanzhof entscheiden, als eine Erbengemeinschaft Grundstücke zum Nachlass hinzuerworben hatte.

Praxishinweis:

Bevor die Auseinandersetzungsvereinbarung bzw. der Auseinandersetzungsplan aufgestellt wird, sollte der Vertrag notfalls durch einen Steuerberater auf seine steuerlichen Auswirkungen geprüft werden.

Nicht selten muss der Testamentsvollstrecker die Nachlassimmobilie räumen lassen. War der Erblasser ein „**Messie**", sind die **Entmüllungskosten** nicht erbschaftsteuermindernd abzusetzen, wie das Finanzgericht Baden-Württemberg ausgeurteilt hat (Urteil vom 18.12.2014 – 7 K 1377/14). Solche Aufwendungen verbleiben somit alleine bei den Erben. Dasselbe gilt für Kosten, die der Testamentsvollstrecker aufwenden muss, um bei einer Nachlassimmobilie **kontaminierten Boden** entfernen zu lassen, weil das Erdreich mit Öl verseucht ist.

Wird ein Steuerberater vom Testamentsvollstrecker hinzugezogen, ist der Steuerberater zu vergüten. Grundsätzlich ist der Testamentsvollstrecker berechtigt, den Steuerberater bei eigener fehlender Sachkunde auf Kosten des Nachlasses hinzuzuziehen. Da **Steuerberaterkosten** in der Regel nicht unerheblich den Nachlass belasten, wird der umsichtige Testamentsvollstrecker diese zusätzlichen Kosten zuvor mit den Miterben abstimmen.

Der Testamentsvollstrecker ist sogar dazu verpflichtet, einen **Steuerberater** hinzuzuziehen, sofern er eigene Kenntnisse im Steuerrecht nicht hat. Dies muss dem Testamentsvollstrecker sogar dringend angeraten werden, denn wenn er trotz mangelnder steuerlicher Kenntnisse Steuererklärungen anfertigt, haftet er nach der einschlägigen Rechtsprechung für fehlerhafte steuerliche Tätigkeit persönlich. Zieht er den Steuerberater hinzu, kann er das Steuerberaterhonorar dem Nachlass entnehmen.

Auch das Mandatsverhältnis zwischen dem Erblasser und dessen ehemaligem Steuerberater darf der Testamentsvollstrecker kündigen und einen neuen Steuerberater beauftragen. Fertigt dieser Steuererklärungen an, ist dieses Honorar als Kosten der Nachlassabwicklung vom Nachlass abzuziehen (§ 10 Abs. 5 Nr. 3 ErbStG).

Selbstverständlich ist auch möglich, dass **Steuererstattungen** im Rahmen der ausgeübten Testamentsvollstreckertätigkeit dem Nachlass zufließen. Diese sind die Umkehrung des Steueranspruchs und unterliegen den gleichen Regeln wie der Steueranspruch selbst. Steht dem Testamentsvollstrecker daher die Verfügungsbefugnis über den Nachlass zu, erstreckt sich diese auch auf die Steuererstattung. Eine Steuererstattung wird durch **Abrechnungsbescheid** festgesetzt. Auf Grund der Verfügungsbefugnis des Testamentsvollstreckers sind deshalb die Steuererstattungen auf Erblassersteuern Teile des Nachlasses und daher an den Testamentsvollstrecker auszuzahlen. Wird zu viel **Erbschaftsteuer** vom Testamentsvollstrecker gezahlt und später erstattet, ist diese ebenfalls an ihn auszuzahlen. Haben hingegen die Erben aus deren freiem Vermögen die Erbschaftsteuer geleistet, ist diesen die Erstattung zu leisten.

1. Erstellung der Erbschaftsteuererklärung

a) Pflicht zur Abgabe der Erbschaftsteuererklärung

Dem Testamentsvollstrecker obliegt die Pflicht, die **Erbschaftsteuererklärung** abzugeben, § 31 Abs. 5 S. 1 ErbStG. Deshalb sind Erben weder berechtigt noch verpflichtet, diese Steuererklärung abzugeben. Für Pflichtteilsberechtigte oder Vermächtnisnehmer muss der Testamentsvollstrecker keine Steuererklärung abgeben, es sei denn, hinsichtlich z. B. eines Vermächtnisses ist ausdrücklich die Testamentsvollstreckung angeordnet.

Das Finanzamt kann verlangen, dass die Steuererklärung neben dem Testamentsvollstrecker zusätzlich von einem oder mehreren Miterben unterschrieben wird (§ 31 Abs. 5 S. 2 ErbStG).

Hat der Testamentsvollstrecker die Erbschaftsteuererklärung abgegeben und zeigt sich im Nachhinein, dass z. B. weiterer, bisher unbekannter Nachlass auftaucht, muss er die Steuererklärung unverzüglich richtigstellen und entsprechend nachmelden (§ 153 Abs. 1 S. 2 AO). Dass der Testamentsvollstrecker die Erbschaftsteuererklärung abgibt, entlastet den Erben nicht von vorne herein von eigenen, ihm obliegenden Informationen gegenüber dem Finanzamt. Hat z. B. der Testamentsvollstrecker die Erbschaftsteuererklärung erstellt, unterzeichnet und dem Finanzamt vorgelegt, ohne **Auslandsvermögen** des Erblassers anzugeben, kann dies – unterstellt der Testamentsvollstrecker hat die Angaben bewusst unterlassen – eine Steuerhinterziehung des Testamentsvollstreckers begründen. Dennoch kann der Erbe selbst in diesem Bereich eine Steuerhinterziehung begehen, gemäß derer er zu bestrafen ist. Erfährt der Erbe nämlich noch vor Ablauf der steuerlichen **Festsetzungsfrist**, dass die Angaben in der Erbschaftsteuererklärung unvollständig sind, weil Auslandsvermögen (z. B. **Schwarzgeld**) in der Erklärung vom Testamentsvollstrecker nicht angegeben ist, muss er dies selbst gegenüber dem Finanzamt offenbaren. Verschweigt er diese Information, begeht er selbst aktiv eine Steuerhinterziehung.

Praxishinweis:

Weiß der Erbe, dass sich der Nachlass aus weiteren, in der Erbschaftsteuererklärung nicht offenbarten Nachlassgegenständen oder -guthaben zusammensetzt, muss er diese innerhalb der steuerlichen Festsetzungsfrist selbst aktiv dem Finanzamt gegenüber offenbaren. Andernfalls macht sich der Erbe selbst wegen der unterlassenen Mitteilung einer **Steuerhinterziehung** strafbar.

b) Berichtigungspflicht des Testamentsvollstreckers

Nicht selten kommen jedoch auch dem Testamentsvollstrecker **Zweifel an der Richtigkeit** von Steuererklärungen des Erblassers oder den von ihm vormals selbst gefertigten Erbschaftsteuererklärungen. Für die eigene Haftung des Testamentsvollstreckers nach § 153 AO genügt die bloß fahrlässige oder auf Leichtfertigkeit beruhende Kenntnis jedoch nicht aus. Notwendig ist vielmehr die positive Kenntnis der Unrichtigkeit oder Unvollständigkeit der Steuererklärung. Hat der Testamentsvollstrecker allerdings konkrete Anhaltspunkte darauf, dass möglicherweise die Steuererklärung des Erblassers oder die von ihm selbst gefertigte unzutreffend, unrichtig oder unvollständig ist, obliegt ihm die Pflicht, den maßgeblichen Sachverhalt selbst zu prüfen. Anhand der Ergebnisse seiner Prüfung muss er über die Vornahme der Steuerberichtigung dann entscheiden. Unterlässt er diese Pflicht, haftet er für die Nichtabgabe der **Berichtigungserklärung** selbst, § 69 AO. Verschließt deshalb der Testamentsvollstrecker seine Augen bewusst vor Aspekten und Tatsachen, die sich ihm aufdrängen, entlastet ihn dies von seiner persönlichen Haftung nicht. Den Testamentsvollstrecker trifft jedoch keine Pflicht, in den Steuererklärungen des Erblassers ohne konkrete Anhaltspunkte nach Unrichtigkeiten zu suchen.

c) Bezahlung der Erbschaftsteuer

Bevor die Erbauseinandersetzung erfolgt, muss der Testamentsvollstrecker aus dem Nachlass die Erbschaftsteuern bezahlen. Unterlässt er dies, haftet er auf die Steuerschuld persönlich. Da es unter Umständen relativ lange dauert, bis die Erbschaftsteuer der Höhe nach in einem Erbschaftsteuerbescheid festgesetzt ist, kann und sollte bis dahin die Auseinandersetzung des Nachlasses nicht durchgeführt werden. Die Erbschaftsteuerschuld ist als Nachlassverbindlichkeit vor der Auseinandersetzung zu tilgen. Daher sollte der Testamentsvollstrecker, sobald er die Erbschaftsteuererklärung abgegeben hat, einen Geldbetrag sowie einen zusätzlichen „Sicherheitszuschlag" zurückbehalten, um später diese Verbindlichkeiten zu zahlen. Andernfalls haftet er auf diese Steuerzahlungen mit seinem Privatvermögen persönlich.

Praxishinweis:

Die zu zahlende Erbschaftsteuer ist ihrerseits allerdings keine Nachlassverbindlichkeit, die der Testamentsvollstrecker in sein Nachlassverzeichnis als Nachlasspassiva aufnehmen darf.

d) Antrag auf Stundung der Erbschaftsteuer

Nicht selten kann wegen fehlender flüssiger Barmittel die Erbschaftsteuer nicht sofort aus dem Nachlass gezahlt werden. In diesem Fall kann der Testamentsvollstrecker gem. § 222 AO beim Finanzamt die **Stundung der Erbschaftsteuer** beantragen. Hierzu sollte sich der Testamentsvollstrecker von den Erben gesondert bevollmächtigen lassen. Die Bewilligung der Stundung liegt im Ermessen des Finanzamts, muss jedoch erteilt werden, wenn die Zahlung der Erbschaftsteuer für den Schuldner eine erhebliche Härte bedeutet und der Steueranspruch durch die Stundung nicht gefährdet würde.

Mustertext „Stundungsschreiben an das Erbschaftsteuerfinanzamt"

An das Finanzamt......
Betreff: Steuernummer......
Sehr geehrte Damen und Herren,
unter Beifügung einer beglaubigten Kopie meines Testamentsvollstreckerzeugnisses zeige ich an, dass ich über den Nachlass des am...... verstorbenen...... zum Testamentsvollstrecker bestellt wurde. Weiterhin überreiche ich eine Vollmacht der Erben......
Für diese beantrage ich die Stundung der Erbschaftsteuer für den vorbezeichneten Erbfall. Die Stundung ist angezeigt, weil im Nachlass nur wenige Barwerte sowie eine Immobilie vorhanden sind, aus denen die Erbschaftsteuer zu bezah-

> len wäre. Dies folgt bereits aus der Ihnen übersandten Erbschaftsteuererklärung. Auch die Erben können die Erbschaftsteuer aus Eigenmitteln nicht leisten. Der Verkauf der Nachlassimmobilie wurde bereits eingeleitet, Kopie des notariellen Kaufvertragsentwurfs anbei. Der Verkauf steht vor dem unmittelbaren Abschluss. Der Kaufpreis ist zum...... fällig gestellt. Beurkundungstermin für den Kaufvertrag wurde zum Notariat...... auf den...... vereinbart.
> In Anbetracht des bevorstehenden Zahlungseingangs bitte ich um Stundung der Erbschaftsteuer, hilfsweise Vollstreckungsaufschub gem. § 258 AO.

Eine **Freistellung** von der Erbschaftsteuer gegen den gesamten Nachlass kann vom Testamentsvollstrecker jedenfalls dann nicht vom Finanzamt verlangt werden, solange die Erbschaftsteuer gegen einen Vermächtnisnehmer zwar festgesetzt wurde, nicht jedoch gegen Nachlass selbst.

e) Sicherheitsleistung an das Finanzamt

Befürchtet das **Finanzamt,** dass der Nachlass bereits vor Zahlung der Erbschaftsteuer auseinandergesetzt wird oder besonders hohe Erbschaftsteuerlasten zu bezahlen sind, kann es verlangen, dass aus dem Nachlass Sicherheiten gestellt werden. Solche **Sicherheitsleistungen** für die voraussichtliche Erbschaftsteuer können sein:

- Verpfändung eines Sparbuchs,
- Verpfändung von Wertpapieren,
- Hinterlegung von Zahlungsmitteln,
- Verpfändung von Forderungen gegen den Bund oder ein Land,
- Die Bestellung erstrangiger Hypotheken, Grund- oder Rentenschulden an Grundstücken oder Erbbaurechten,
- Schuldversprechen, Bürgschaften oder Wechselverpflichtungen tauglicher Steuerbürgen i. S. d. § 244 AO.

2. Rechtsbehelfe gegen den Erbschaftsteuerbescheid

a) Bekanntgabe des Steuerbescheids

Nachdem der Testamentsvollstrecker die Erbschaftsteuererklärung abgegeben hat, gibt ihm gegenüber das Finanzamt den **Steuerbescheid** bekannt. Darin wird die Erbschaftsteuer gegen den/die Erben festgesetzt. Bereits mit der Bekanntgabe an den Testamentsvollstrecker wird der Steuerbescheid gegenüber den Erben wirksam. Ab Zugang des Bescheids beim Testamentsvollstrecker wird die Rechtsbehelfsfrist bzw. die Anfechtungsfrist durch die Erben in Gang gesetzt.

Praxishinweis:

Der Testamentsvollstrecker sollte sofort den ihm zugesandten Erbschaftsteuerbescheid an die Miterben **übersenden**, am besten per Einschreiben/Rückschein und darauf hinweisen, dass diese Einspruch einlegen können, wenn sie mit der Steuerfestsetzung nicht einverstanden sind.

b) Einspruch gegen den Erbschaftsteuerbescheid

Nur die Erben sind als Steuerschuldner berechtigt, gegen den Steuerbescheid einen **Einspruch** einzulegen (und später eine Klage gegen das Finanzamt zu erheben), nicht hingegen der Testamentsvollstrecker selbst. Diese Rechtsmacht steht ihm nur zu, wenn die Erben ihm für das steuerrechtliche Einspruchsverfahren eine gesonderte Vollmacht erteilen. Wird diese Vollmacht von den Erben erteilt und führt der Testamentsvollstrecker dann das steuerliche Einspruchsverfahren durch, ist er hierfür von den Erben gesondert zu vergüten.

In einem Begleitschreiben sollte der Testamentsvollstrecker an die Erben mitteilen, dass er ohne deren schriftliche Weisung nichts gegen den Steuerbescheid unternehmen wird. Auch auf die Einspruchsfrist sollte er gesondert hinweisen.

Mustertext „Übersendung des Erbschaftsteuerbescheides an die Erben"

Sehr geehrte Damen und Herren,
mir wurde in meiner Eigenschaft als Testamentsvollstrecker der in Kopie anliegende Erbschaftsteuerbescheid des Finanzamts...... vom...... am...... bekanntgegeben. Mit diesem Datum beginnt die Rechtsbehelfsfrist für die Anfechtung dieses Steuerbescheides. Ich weise darauf hin, dass der Einspruch allein von Ihnen als Erbe eingelegt werden kann, sofern Sie mit dem Inhalt des Bescheides nicht einverstanden sind. Mir als Testamentsvollstrecker steht die Einspruchsbefugnis insoweit nicht zu, auch wenn bereits mit Bekanntgabe des Steuerbescheides an mich die Rechtsbehelfsfrist in Gang gesetzt wird bzw. eine etwaige Erbschaftsteuerschuld aus dem Nachlass zu begleichen ist. Auf die im Steuerbescheid bezeichnete Rechtsbehelfsbelehrung weise ich ausdrücklich hin.

c) Wiedereinsetzung in den vorigen Stand

Sofern der Testamentsvollstrecker den oder die Erben nicht rechtzeitig über den ihm gegenüber bekanntgegebenen Erbschaftsteuerbescheid informiert, so dass die Rechtsmittelfrist bereits abgelaufen ist, ist den Erben auf deren Antrag hin **Wiedereinsetzung in den vorherigen Stand** zu gewähren (§ 110 AO).

Weil der Testamentsvollstrecker die Erbschaftsteuer aus dem Nachlass bezahlen muss, kann er die Erbauseinandersetzung erst nach Rechtskraft des Steuerbescheides durchführen, andernfalls er einen der Steuer entsprechenden Teil zurückhalten muss. Hat der Testamentsvollstrecker zu viel an Erbschaftsteuer bezahlt, erstattet ihm das Finanzamt die Überzahlung zurück, die er dann wieder entsprechend unter den Miterben verteilt.

3. Berichtigung unrichtiger Einkommensteuererklärungen

Oftmals hat der Erblasser vor seinem Tode hinsichtlich seiner **persönlichen Steuern** noch keine Steuererklärungen abgegeben. Dies können z. B. sein:

- Einkommensteuer
- Umsatzsteuer

- Gewerbesteuer
- eigene Erbschaftsteuer.

Als Vermögensverwalter ist der Testamentsvollstrecker verpflichtet, diese Steuererklärungen nachträglich abzugeben, soweit die Steuerlasten vor dem Erbfall in der Person des Erblassers entstanden sind. Da auch diese Steuern noch als Nachlassverbindlichkeiten gelten, hat der Testamentsvollstrecker diese Steuern, die also noch durch die Verwirklichung eines Steuertatbestandes durch den Erblasser ausgelöst wurden, für Rechnung des Nachlasses zu bezahlen. Auch hierfür hat er notfalls Rückstellungen vor der Nachlassauseinandersetzung zu bilden; andernfalls haftet er hierfür persönlich.

Praxishinweis:

Der Testamentsvollstrecker sollte beim zuständigen Finanzamt anfragen, ob der Erblasser rückständige Steuererklärungen abzugeben hat.

Dass der Testamentsvollstrecker diese steuerrechtlichen Angelegenheiten im Rahmen seiner Abwicklungstätigkeiten berücksichtigen und erledigen muss, wird vielfach übersehen. Nicht selten werden verschiedene Steuerarten (z. B. Kfz-Steuer, rückständige Umsatzsteuer des Erblassers, Körperschaftsteuer eines Nachlassgegenstandes, usw.) entweder nicht erkannt oder übersehen. Damit der Testamentsvollstrecker diese Nachlassverbindlichkeiten abschließend ermitteln und in seine Auseinandersetzung aufnehmen kann, sollte er das zuständige Finanzamt über etwaige rückständige Steuerlasten des Erblassers anschreiben und um Auskunft bitten.

Mustertext „Anfrage an Finanzamt wegen rückständiger Steuererklärungen"

An das Finanzamt. . . . . .
Betreff: Steuernummer. . . . . .
Sehr geehrte Damen und Herren,
unter Beifügung einer beglaubigten Kopie meines Testamentsvollstreckerzeugnisses zeige ich an, dass ich über den Nachlass des am. . . . . . verstorbenen. . . . . . zum Testamentsvollstrecker bestellt wurde.

> Zur Vorbereitung der Auseinandersetzung des Nachlasses frage ich hiermit an, ob der Erblasser noch Steuererklärungen abzugeben hat. Bejahendenfalls bitte ich um Mitteilung, um welche Arten der Steuern es sich dabei handelt und um Bekanntgabe der bei Ihnen geführten Steuernummern. Bitte reichen Sie mir die Auskunft bis zum...... herein.

Den Testamentsvollstrecker trifft auch die Pflicht, bisher **unvollständige oder unrichtige Steuererklärungen** des Erblassers richtig zu stellen bzw. zu ergänzen und zwar so lange, als die Festsetzungsfrist noch nicht abgelaufen ist.

4. Steueranfall nach dem Erbfall

Die **Einkünfte**, welche die Erben aus dem der Testamentsvollstreckung unterstehenden Nachlass einnehmen, obliegen nicht der Verwaltungsbefugnis des Testamentsvollstreckers. Daher haben die Erben etwaige Einkommen-, Umsatz- oder Gewerbesteuern selbst zu erklären und gegenüber dem Finanzamt zu deklarieren. Diese Grundregel hat jüngst allerdings das Oberlandesgericht Hamm OLG Hamm (Az. 10 U 85/09) bestätigt und den Testamentsvollstrecker dadurch vor Pflichtverletzungen aus solchen Steuerangelegenheiten geschützt: Die Abgabe von Erklärungen zur Einkommensteuerveranlagung ist laut OLG Hamm nicht Aufgabe des Testamentsvollstreckers. Die **Einkommensteuer** ist nämlich keine „durch den Erbfall entstandene Steuer“, wie z. B. die Erbschaftsteuer für deren Bezahlung der Vollstrecker zu sorgen und zu deren Festsetzung er die Steuererklärung abzugeben hat. Einkommensteuern aus Steuertatbeständen, die erst nach dem Tod des Erblassers entstehen, sind ausschließlich von den Erben geschuldet, die auch allein die Steuererklärung hierfür abgeben müssen.

Benötigen sie dazu die in die Steuererklärung einzutragenden Zahlen, muss der Testamentsvollstrecker ihnen die Auskunft nebst Belegen und Unterlagen dafür mitteilen; andernfalls macht er sich schadensersatzpflichtig.

Haben die Erben selbst Steuerschulden, müssen sie diese selbst bezahlen, nicht der Testamentsvollstrecker. Sie können von ihm aber verlangen, dass er die entsprechenden Mittel aus dem Nachlass freigibt. Dem kann der Testamentsvollstrecker jedoch entgegensetzen, dass er diese Mittel anderweitig benötigt, um den Nachlass zu verwalten und zu erhalten. Stoßen diese beiden Interessen aufeinander, muss der Testamentsvollstrecker eine Interessenabwägung vornehmen. Dabei sind in aller Regel die berechtigten Interessen des Nachlasses vorrangig zu beachten. Dies gilt auch dann, wenn im Nachlass ein Unternehmen ist und vom Testamentsvollstrecker verwaltet wird.

Praxishinweis:

Die Erbauseinandersetzung wird vom Bundesfinanzhof als eigenständig zu besteuernder Rechtsakt gewertet. Deshalb kann sie bei einem Miterben einen möglicherweise steuerpflichtigen Veräußerungsvorgang, bei einem anderen Miterben als Anschaffungskosten steuerrechtlich anzusehen sein.

5. Kosten des Testamentsvollstreckers als Werbungskosten

Wenn eine Dauertestamentsvollstreckung angeordnet wurde, ist häufig unbekannt, dass die Kosten des Testamentsvollstreckers unter Umständen als Werbungskosten bei der Einkommensteuererklärung der Erben abgesetzt werden können. Hat der Testamentsvollstrecker für eine gewisse Zeit verschiedene gewinnbringende Nachlassbestandteile zu verwalten, z. B. ein ertragreiches Wertpapierdepot und zugleich Mietobjekte des Nachlasses, lässt es der Bundesfinanzhof zu, dass die auf die Verwaltung entfallenden Testamentsvollstreckergebühren auf die einzelnen Einkunftsarten des Nachlasses aufgeteilt und im entsprechenden Verhältnis der Nachlasszusammensetzung als Werbungskosten abgezogen werden dürfen.

Praxishinweis:

Auch wenn die Einkünfte, welche die Erben aus dem der Testamentsvollstreckung unterstehenden Nachlass einnehmen, nicht der Verwaltungsbefugnis des Testamentsvollstreckers obliegen und er deren Einkommensteuererklärungen nicht fertigen muss, zeigt ein Testamentsvollstrecker, der die Erben auf diesen steuerlichen Vorteil hinweist, dass er für seine Amtsführung besondere Fachkunde besitzt. Das kann das Vertrauen der Erben in die Amtsführung des Testamentsvollstreckers erhöhen.

VI. Der Testamentsvollstrecker im Prozess und in der Zwangsvollstreckung

Da der Testamentsvollstrecker die Verfügungsbefugnis über den Nachlass besitzt, ist er für etwaige Prozesse über oder aus der Erbschaft bzw. der letztwilligen Verfügung (Erbvertrag, Testament) zuständig. Deshalb ist eine seiner Aufgaben auch, **Gerichtsprozesse** zu führen. Dabei ist unerheblich, welche Arten von Gerichtsprozessen der Testamentsvollstrecker führen muss. Dies können Zivilprozesse, gerichtliche Prozesse vor den Arbeitsgerichten oder Sozialgerichten, usw. sein, sofern diese Einfluss auf oder Bezug zum Nachlass haben. Stand dem verstorbenen Erblasser z. B. noch ein Urlaubsabgeltungsanspruch zu, stellt dies eine Nachlassforderung dar, die der Testamentsvollstrecker notfalls im Wege eines Arbeitsgerichtsprozesses gegenüber dem ehemaligen Arbeitgeber einklagen muss, sofern der Anspruch streitig gestellt ist. Die Vielschichtigkeit der Lebensverhältnisse des Erblassers schlägt auf potentielle Streitigkeiten aller Art durch. Der Testamentsvollstrecker ist berufen, diese notfalls im Interesse des Nachlasses zu führen. Bereits die Frage, wie eine unklare letztwillige Verfügung (Testament) zu verstehen (auszulegen) ist, kann zu einem Erbrechtsprozess führen. Die Interessen der jeweiligen Miterben als Bedachte sind oft Anlass für solche Erbrechtsprozesse.

Praxishinweis:

Da die Fallstricke in einem erbrechtlichen Prozess mannigfaltig sind und bei fehlerhafter Prozessführung der Testamentsvollstrecker auf einen etwaigen Schaden persönlich haftet, wird der umsichtige Testamentsvollstrecker mit einem Gerichtsprozess einen Fachanwalt für Erbrecht beauftragen. **Qualifizierte Fachanwälte für Erbrecht** finden Sie unter www.NDEEX.de.

Regelmäßig sind diese **Anwaltskosten** dem Nachlass zu entnehmen.

1. Aktivprozesse

Ein Recht, welches der Verwaltung des Testamentsvollstreckers im Rahmen seiner Aufgaben unterliegt, kann **nur von ihm** gerichtlich geltend gemacht werden. Soll z. B. eine Forderung, die zum Nachlass gehört, eingeklagt werden (z. B. der Erblasser verkaufte vor seinem Tod einen Gegenstand, der noch nicht bezahlt ist), ist dies Aufgabe des Testamentsvollstreckers. In einer Klage ist dies ausdrücklich auch so gegenüber dem Gericht zu bezeichnen.

Mustertext „Bezeichnung des Testamentsvollstreckers als Kläger"

> Klage des Herrn/Frau...... als Testamentsvollstrecker über den Nachlass des Herrn/Frau......

Nicht selten muss der Testamentsvollstrecker ausstehende Forderungen in den Nachlass ziehen und sie notfalls einklagen. Er muss dann eine Zahlungsklage erheben. Dabei muss er den richtigen Zahlungsantrag stellen und darf die Leistung nicht an die Erben verlangen, da die Verfügungsbefugnis über den Nachlass nur dem Testamentsvollstrecker obliegt.

Der **Zahlungsantrag** gegen den Beklagten lautet direkt auf Zahlung an den Testamentsvollstrecker, nicht auf Zahlung an die Erben. Ebenfalls darf der Klageantrag nicht auf Zahlung der Summe auf das Konto des Erblassers, z. B. auf das ehemalige Girokonto des Verstorbenen, das als Abwicklungskonto vom Testamentsvollstrecker genutzt wird, lauten; die Art der Zahlung muss dem Zahlungspflichtigen freigestellt bleiben.

Mustertext „Klageantrag auf Zahlung"

> Der Beklagte wird verurteilt, €...... nebst 5 %-Punkten Zinsen über dem Basiszinssatz seit...... an den Kläger als Testamentsvollstrecker über den Nachlass des...... zu bezahlen.

Möchte der Testamentsvollstrecker hingegen selbst keine Klage führen, kann er einen prozesswilligen Erben dazu ermächtigen, im eigenen Namen die Klage zu erheben.

Keine Klagebefugnis hat der Testamentsvollstrecker hingegen hinsichtlich

- des Erbrechts nach dem Erblasser als solches
- für den Einspruch gegen den Erbschaftsteuerbescheid
- im Gesellschaftsrecht für sog. „innere Angelegenheiten" der Gesellschaft, z. B. über Sachverhalte, die unmittelbar die Mitgliedschaftsrechte der Erben berühren.

Das **Prozessführungsrecht** ist eine der wichtigsten Aufgabenbereiche und Zuständigkeiten des Testamentsvollstreckers, die er wahrzunehmen hat.

2. Passivprozesse für den Nachlass

Nicht selten werden Ansprüche auch gegen den Nachlass eingeklagt. Die Ansprüche gegen den Nachlass (Passivprozesse) können von dritter Seite sowohl gegen die Erben als auch gegen den Testamentsvollstrecker gerichtlich geltend gemacht werden (§§ 2212, 2213 BGB).

Praxishinweis:

Eine **Pflichtteilsklage** muss jedoch gegen den Erben allein erhoben werden (§ 2213 Abs. 1 S. 3 BGB).

Wer einen Anspruch gegen den Nachlass besitzt (**Nachlassgläubiger**) kann den Testamentsvollstrecker somit auf Zahlung verklagen. Mit einem Urteil kann der Gläubiger dann in den Nachlass die **Zwangsvollstreckung** betreiben (§ 748 Abs. 1 ZPO). Dies gilt jedoch nicht beim Pflichtteilsanspruch oder wenn sich die Klage auf Gegenstände bezieht, für die dem Testamentsvollstrecker das Verwaltungsrecht nicht oder nicht mehr zusteht. Alternativ kann der Nachlassgläubiger sowohl den Testamentsvollstrecker als auch die Erben auf Zahlung verklagen.

3. Persönliche Prozesse des Testamentsvollstreckers

Geht es nicht um die Nachlassverwaltung im weiteren Sinne, sondern um Angelegenheiten, die den Testamentsvollstrecker persönlich betreffen, ist eine Klage direkt gegen den Testamentsvollstrecker als Privatperson zulässig. Beispiele für **persönliche Prozesse** sind u. a.

- die Klage des Testamentsvollstreckers auf seine Vergütung
- die Klage gegen den Testamentsvollstrecker auf Schadenersatz
- die Herausgabeklage über Erbschaftsgegenstände, die der Testamentsvollstrecker in der irrigen Meinung, sie seien ihm vermacht, in Besitz nimmt
- Klagen um die Gültigkeit eines Testaments, in welchem der Testamentsvollstrecker ernannt ist
- Die Herausgabeklage über die Erbschaftsgegenstände nach Ende des Vollstreckeramtes
- Klagen über die Ernennung oder Entlassung des Testamentsvollstreckers.

Verliert der Testamentsvollstrecker einen persönlichen Prozess, geht die Rechtsprechung derzeit davon aus, dass er dennoch in der Regel die **Prozesskosten** aus dem Nachlass entnehmen darf. Hier ist die Rechtsprechung aber noch uneinheitlich und immer im aktuellen Stand zu verfolgen.

4. Vollstreckungsverfahren

a) Maßnahmen vor Beginn der Vollstreckung

Hat der Erblasser ein **Urteil** oder eine andere gerichtliche Entscheidung (Titel) hinterlassen, die er noch nicht umgesetzt bzw. beigetrieben hatte, muss der Testamentsvollstrecker im Rahmen seiner Verwaltungstätigkeit die Vollstreckung aus diesem Titel betreiben. Da der Erblasser als Gläubiger verstorben ist, muss der Titel auf den Testamentsvollstrecker als neuen „Rechtsinhaber“ umgeschrieben werden. Dazu muss er an das Gericht des ersten Rechtszuges einen entsprechenden Antrag stellen, ein **Vollstreckungsbescheid** hingegen wird von demjenigen Mahngericht umgeschrieben, welches den Vollstreckungsbescheid erlassen hat. Hatte der Erblasser einen **Vergleich** vor einem Gericht geschlossen, schreibt dasjenige Gericht den Vergleich auf den Testamentsvollstrecker um, welches die Urkunde verwahrt. Dies ist regelmäßig das Gericht erster Instanz. Die Umschreibung einer **notariellen Urkunde** erfolgt durch den Notar, der die Urkunde verwahrt. Zur Umschreibung sind das Testamentsvollstreckerzeugnis vorzulegen und ein Antrag an die vorbezeichneten Stellen zu richten.

Mustertext „Titelumschreibung"

> Es wird beantragt, eine vollstreckbare Ausfertigung für Herrn/Frau XY als Testamentsvollstrecker für den Nachlass des am...... verstorbenen Herrn/Frau...... zuletzt wohnhaft......, hinsichtlich der anliegenden Ausfertigung des Urteils (Vollstreckungsbescheid, Prozessvergleich, notarielle Urkunde) vom...... Az..... ..., zu erteilen.

b) Maßnahmen nach Beginn der Vollstreckung

Hatte der Erblasser die Zwangsvollstreckung beim Tod des Schuldners hingegen bereits **begonnen**, kann nach dem Erbfall ohne Titelumschreibung die Vollstreckung in den Nachlass des Schuldners fortgesetzt werden. In allen anderen Fällen muss der Titel aber auf den Rechtsnachfolger des Schuldners umgeschrieben werden.

War hingegen der Erblasser sog. Titelschuldner, kann der Titel sowohl auf die Erben als auch auf den Testamentsvollstrecker als neuen Schuldner umgeschrieben werden. Der Titelgläubiger kann dann wählen, ob er in den Nachlass oder in das Privatvermögen der Erben vollstrecken möchte.

VII. Haftung des Testamentsvollstreckers bei Pflichtverletzungen

Verletzt der Testamentsvollstrecker die ihm obliegenden Verpflichtungen, so ist er gem. § 2219 BGB, wenn ihm ein Verschulden zur Last fällt, für den daraus entstehenden **Schaden** dem Erben und soweit ein Vermächtnis zu vollziehen ist, auch dem Vermächtnisnehmer verantwortlich. Einzelheiten zur Schadensersatzhaftung des Testamentsvollstreckers finden sich im 4. Kapitel V.

1. Haftungsgrundlagen

a) Schuldverhältnis zwischen Testamentsvollstrecker und Erbe

Da zwischen dem Erben einerseits und dem Testamentsvollstrecker andererseits in der Regel keine vertraglichen Beziehungen bestehen, scheidet eine vertragliche Haftung aus. Deshalb begründet § 2218 BGB ein **gesetzliches Schuldverhältnis**, das den Testamentsvollstrecker zur sorgfältigen und gewissenhaften Ausführung der ihm obliegenden Aufgaben verpflichtet. Der Erblasser kann den Testamentsvollstrecker von dieser Haftung nicht befreien (vgl. § 2220 BGB); lediglich die Erben selbst können auf den Schutz des § 2220 BGB verzichten.

Neben dieser zivilrechtlichen Haftung kann dem Testamentsvollstrecker aus seiner Amtsführung auch eine **steuerliche Haftung** nach § 69 AO treffen. Als eine weitere Sanktion von Pflichtverletzungen sieht § 2227 BGB die **Entlassung** des Testamentsvollstreckers aus dem Amt durch das Nachlassgericht vor.

b) Voraussetzungen der Haftung

Eine **Schadenersatzhaftung des Testamentsvollstreckers** setzt voraus:

- eine objektive Verletzung von Pflichten durch den Testamentsvollstrecker;
- Verschulden des Testamentsvollstreckers in Form von Vorsatz, grober oder leichter Fahrlässigkeit;

- Ursächlichkeit der Pflichtverletzung für den eingetretenen Schaden.

Welche Pflichten der Testamentsvollstrecker zur Vermeidung einer Schadenersatzhaftung zu beachten hat, ergibt sich vorrangig aus dem Willen des Erblassers, den dieser in seiner letztwilligen Verfügung niedergelegt oder anderweitig geäußert hat. Weitere Verpflichtungen ergeben sich aus dem Gesetz, insbesondere der Generalklausel des § 2216 Abs. 1 BGB, wonach der Testamentsvollstrecker den Nachlass ordnungsgemäß zu verwalten hat.

BEISPIELE: Die Rechtsprechung hat in folgenden Fällen **Pflichtverletzungen des Testamentsvollstreckers** bejaht:
- Verzögerte Auseinandersetzung des Nachlasses;
- Geldeinlage bei einer unzuverlässigen Bank;
- Versteigerung eines Nachlassgegenstandes, obwohl die Möglichkeit eines freihändigen Verkaufs besteht;
- unnötige Umwandlung eines Einzelhandelsgeschäfts in eine GmbH;
- längere Anlage von Geld auf einem Sparkonto zum Eckzinssatz, wenn das Geld nicht laufend benötigt wird und günstigere Sparformen, wie z. B. Sparbriefe zur Verfügung stehen;
- erkennbar überflüssige, leichtfertige oder durch eigene persönliche Interessen beeinflusste Prozessführung des Testamentsvollstreckers;
- unterlassene oder verspätete Geltendmachung von Nachlassforderungen.

c) Sorgfaltsmaßstab

Der in § 2216 Abs. 1 BGB niedergelegte Grundsatz der ordnungsgemäßen Verwaltung verpflichtet den Testamentsvollstrecker zu besonderer Gewissenhaftigkeit und Sorgfalt. An die Ordnungsmäßigkeit der Verwaltung sind stets **strenge Anforderungen** zu stellen, wobei von der Rechtsprechung nicht verkannt wird, dass der Testamentsvollstrecker bei der Nachlassverwaltung weithin nach seinem Ermessen entscheidet und nur dann pflichtwidrig handelt, wenn er die Grenzen des ihm eingeräumten Ermessens überschreitet.

Neben der objektiven Pflichtverletzung ist **schuldhaftes** Verhalten des Testamentsvollstreckers im Sinne von § 276 BGB notwendig.

Nach dem dabei geltenden objektiven Sorgfaltsmaßstab ist für den Testamentsvollstrecker das Maß an Umsicht und Sorgfalt erforderlich, das nach dem Urteil besonnener und gewissenhafter Angehöriger des in Betracht kommenden Verkehrskreises zu beachten ist. **Vergleichsmaßstab** ist also quasi ein „Otto-Normal-Testamentsvollstrecker". Wenn aber der Testamentsvollstrecker besondere Qualifikationen besitzt (etwa als Steuerberater oder Rechtsanwalt), so muss er bei seiner Amtsausübung die in seinem Beruf geltenden Standards beachten.

Praxishinweis:

Sofern sich der Testamentsvollstrecker bei der Erledigung einzelner Angelegenheiten überfordert fühlt, kann er einen sachkundigen Berater hinzuziehen, haftet dann aber im Rahmen des § 2219 BGB für die gewissenhafte Auswahl eines qualifizierten Beraters. **Aufwendungen für eingeschaltete Hilfspersonen**, die der Testamentsvollstrecker den Umständen nach für Erforderlich halten dürften, sind von den Erben gem. § 2218 Abs. 1 BGB in Verbindung mit § 670 BGB zu erstatten. Ist der Testamentsvollstrecker generell der Erfüllung seiner Aufgaben nicht gewachsen, muss er die Annahme des Amtes ablehnen.

Die Pflichtverletzung des Testamentsvollstreckers muss für den eingetretenen Schaden **ursächlich** geworden sein. Daran kann es z. B. fehlen, wenn der Testamentsvollstrecker eine Nachlassforderung fahrlässigerweise verjähren lässt, eine gerichtliche Durchsetzung dieser Forderung wegen Vermögenslosigkeit des Schuldners oder zweifelhafter Rechtslage nicht möglich gewesen wäre.

Die **Beweislast** für das Vorliegen einer objektiven Pflichtverletzung, das Verschulden des Testamentsvollstreckers und den Schadenseintritt trägt der klagende Erbe.

Schadenersatzansprüche gegen den Testamentsvollstrecker **verjähren** seit in Kraft treten des Gesetzes zur Änderung des Erb- und Verjährungsrechts zum 1.1.2010 innerhalb der dreijährigen Regelverjährung der §§ 195, 199 BGB.

Der Erblasser kann gem. § 2224 BGB auch **mehrere** Testamentsvollstrecker einsetzen. Diese haften dann gem. § 2219 Abs. 2 BGB gesamtschuldnerisch, wenn sie das Amt gemeinsam führten und jeden ein Verschulden trifft. Für mehrere nacheinander tätige Testamentsvollstrecker gilt dies nicht, wenn der Schaden nur von einem verursacht und ihm abgrenzbar zuzuordnen ist.

2. Haftung gegenüber Erben, Vermächtnisnehmern und Dritten

Der Testamentsvollstrecker haftet nach § 2219 Abs. 1 BGB gegenüber dem **Erben**; mehrere Erben zählen dabei als Gesamtgläubiger. Obwohl der Nacherbe erst mit Eintritt des Nacherbfalls (in der Regel mit dem Tod des Vorerben) zum Erben wird, hat der Testamentsvollstecker während der Zeit der Vorerbschaft auch die Interessen des Nacherben zu berücksichtigen. Keine Minderung oder Gefährdung der Nachlasssubstanz zum Nachteil des Nacherben kann deshalb zu einer Schadenersatzhaftung des Testamentsvollstreckers führen.

Ist bei einem so genannten „Berliner Testament" im Sinne des § 2269 BGB die Testamentsvollstreckung bereits über den Nachlass des erstversterbenden Ehegatten angeordnet, so kann der eingesetzte **Schlusserbe** keine eigenen Rechte aus § 2219 BGB gegen den Testamentsvollstrecker geltend machen.

Gem. § 2219 BGB haftet der Testamentsvollstrecker auch gegenüber einem **Vermächtnisnehmer**, wenn ein Vermächtnis zu vollziehen ist. Der Vermächtnisnehmer muss dabei nicht einen etwaigen Ersatzanspruch zunächst gegen die Erben geltend machen. Den sonstigen **Nachlassgläubigern** (insbesondere Pflichtteilsberechtigten), Auflagebegünstigten oder sonstigen Dritten haftet der Testamentsvollstrecker nicht nach § 2219 BGB, sondern allenfalls wegen unerlaubter Handlung gem. den §§ 823 ff. BGB.

3. Haftung vor und nach Amtsannahme

Das Testamentsvollstreckeramt beginnt gem. § 2202 BGB erst mit der förmlichen **Annahmeerklärung**. Nimmt der Testamentsvollstrecker in der Zeit zwischen Erbfall und Abgabe der Annahmeerklärung vorläufige oder sichernde Maßnahmen betreffend den Nachlass vor, kann ihn in entsprechender Anwendung des § 2219 BGB für diesen Zeitraum eine Haftung treffen. Gleiches gilt für Handlungen, die der Testamentsvollstrecker nach Beendigung seines Amtes ausführt. Ist die Bestellung des Testamentsvollstreckers unwirksam (so genannter **„vermeintlicher" Testamentsvollstrecker**), so ändert dies an der Haftung nach § 2219 BGB nichts.

4. Mitverschulden des Geschädigten

Der Testamentsvollstrecker kann gegenüber dem Anspruch aus § 2219 BGB unter Umständen den Einwand eines **Mitverschuldens des Geschädigten** nach § 254 BGB erheben.

BEISPIELE:
- Der Erbe hat einer Maßnahme des Testamentsvollstreckers zugestimmt und war dabei über die wirtschaftlichen und rechtlichen Folgen informiert.
- Der Erbe hat der Vollstreckertätigkeit entgegen gearbeitet und dadurch den Schaden verursacht oder vergrößert.
- Der Erbe hätte eine pflichtwidrige Maßnahme oder Unterlassung des Testamentsvollstreckers durch rechtzeitige Klage gegen diesen oder durch Antrag auf dessen Entlassung verhindern können.

Praxishinweis:

Der Testamentsvollstrecker kann sich gegen die Gefahren einer Regresshaftung durch den Abschluss einer **Vermögensschadens-Haftpflichtversicherung** schützen. Bei Rechtanwälten, Notaren, Wirtschaftsprüfern und Steuerberatern ist das Risiko aus der Testamentsvollstreckertätigkeit bereits in deren Berufshaftpflichtversicherung mit eingeschlossen. Die Versicherungsprämien sind dem Testamentsvollstrecker als Aufwendungsersatz gem. § 2218, 670 BGB zu ersetzen.

VIII. Testamentsvollstreckervergütung und Aufwendungsersatz

1. Gesetzliche Grundlagen des Vergütungsanspruchs

Der Gesetzgeber hat die **Vergütung des Testamentsvollstreckers** in § 2221 BGB kurz und einfach – aber für die Praxis völlig unzureichend – wie folgt geregelt:

Mustertext

> Der Testamentsvollstrecker kann für die Führung seines Amtes eine angemessene Vergütung verlangen, sofern nicht der Erblasser ein anderes bestimmt hat.

Diese Regelung verursacht sehr oft Streit zwischen dem Testamentsvollstrecker einerseits und den Erben andererseits, weil § 2221 BGB nichts über die Höhe, die Berechnungsmethode und die Fälligkeit der Vergütung sagt.

Praxishinweis:

Die positiven Wirkungen einer Testamentsvollstreckung auf die Abwicklung des Nachlasses werden erheblich geschmälert, wenn der Erblasser in seiner Verfügung von Todes wegen keine klare Regelung zur Testamentsvollstreckervergütung trifft, die sowohl den Interessen des Testamentsvollstreckers als auch denen der Erben gerecht wird.

2. Vorrang des Erblasserwillens bei der Vergütungsermittlung

Aus § 2221 BGB ergibt sich, dass der **Wille des Erblassers**, ob der Testamentsvollstrecker überhaupt und wenn ja, in welcher Höhe für seine Amtsführung eine Vergütung erhalten soll, **Vorrang** hat.

a) Ausschluss einer Testamentsvollstreckervergütung

Der Testierende kann sogar bestimmen, dass der Testamentsvollstrecker unentgeltlich sein Amt zu führen hat. Einen derartigen Vergütungsausschluss kann der Testamentsvollstrecker zivilgerichtlich nicht überprüfen lassen. Ist der Testamentsvollstrecker mit der Vergütungsregelung nicht einverstanden, bleibt ihm nur die Möglichkeit, entweder das **Amt abzulehnen** bzw. nach Amtsannahme zu kündigen oder mit den Erben eine Vereinbarung über die Höhe und die Art und Weise der Vergütung auszuhandeln.

Praxishinweis:

Der allzu sparsame Erblasser, der keine oder nur eine sehr geringe Testamentsvollstreckervergütung festlegt, muss damit rechnen, dass die angeordnete Testamentsvollstreckung „ins Leere läuft", weil niemand – insbesondere kein fachlich qualifizierter Testamentsvollstrecker – bereit ist, die umfangreichen Verpflichtungen ordnungsgemäß wahrzunehmen.

b) Vereinbarung mit den Erben oder Vermächtnisnehmern

Hat der Testierende entweder keine Vergütungsvereinbarung getroffen, oder empfindet diese der Testamentsvollstrecker als zu niedrig, kann er nach dem Grundsatz der Vertragsfreiheit mit den am Erbfall beteiligten Personen, also den Erben, den Vermächtnisnehmern, evtl. auch den Auflagenbegünstigten, eine **Vergütungsvereinbarung** treffen. Derartige Vereinbarungen sind auch dann zulässig, wenn sie mit der Vergütungsanordnung des Erblassers nicht übereinstimmt. Sofern hierdurch auch Rechte der Vermächtnisnehmer oder eines Nacherben beeinträchtigt werden können, müssen auch diese bei

Abschluss der Vergütungsvereinbarung beteiligt werden. Eine Grenze für die Höhe der vereinbarten Vergütung wird gem. § 138 BGB bei **Sittenwidrigkeit** bzw. **Wucher** gezogen.

c) Festlegung der Testamentsvollstreckervergütung durch den Erblasser

Der Erblasser kann nur im Rahmen einer **letztwilligen Verfügung** Art und Höhe der Testamentsvollstreckervergütung festlegen. Mündliche Äußerungen des Erblassers oder z. B. maschinengeschriebene Briefe an den Testamentsvollstrecker können deshalb allenfalls eine Auslegungshilfe zur Ermittlung der Testamentsvollstreckervergütung darstellen.

Der Testierende kann auch anordnen, dass ein **Dritter** die Höhe der Vergütung festsetzt oder der Testamentsvollstrecker selbst die Vergütung für seine Tätigkeit bestimmen soll. Die Festsetzung der Vergütung hat in diesen Fällen nach billigem Ermessen in entsprechender Anwendung der §§ 317, 2156 BGB bzw. § 315 BGB zu erfolgen. Das Nachlassgericht ist dagegen nicht befugt, die Testamentsvollstreckervergütung festzusetzen.

Der Erblasser kann Art, Höhe, Bemessungsgrundlage und Zahlungsweise der Testamentsvollstreckervergütung **frei bestimmen**. Möglich ist etwa ein bezifferter Einmalbetrag, ein jährlicher Pauschalbetrag, ein gewisser Prozentsatz, errechnet aus dem Brutto- oder Nettovermögen oder den Einnahmen oder eine Stundensatzvergütung.

Mustertext „Prozentuale Testamentsvollstreckervergütung"

> Ich ordne Testamentsvollstreckung an. Der Testamentsvollstrecker hat die Aufgabe, meinen Nachlass bis zur Vollendung des 27. Lebensjahres des jüngsten Miterben zu verwalten. Zu seinen Aufgaben zählen insbesondere...... Zum Testamentsvollstrecker ernenne ich......
> Der Testamentsvollstrecker erhält eine einmalige Gebühr von 2 % des bei meinem Tod vorhandenen Bruttonachlasses und für jedes Jahr der Verwaltung eine Gebühr von 2 % der jährlichen Bruttoeinnahmen des Nachlasses, bei angefangenen Jahren zeitanteilig. Die Mehrwertsteuer kann er zusätzlich verlangen.

Mustertext „Pauschale Testamentsvollstreckervergütung"

> Ich ordne Testamentsvollstreckung an. Der Testamentsvollstrecker hat die Aufgabe,...... Zum Testamentsvollstrecker bestimme ich......
> Der Testamentsvollstrecker erhält eine pauschale Gesamtvergütung in Höhe von 5 % meines Bruttonachlasses zum Zeitpunkt meines Todes. Die Mehrwertsteuer nebst Auslagen kann er zusätzlich verlangen.

Der Erblasser kann auch anordnen, dass der Testamentsvollstrecker – in der Praxis üblich bei Rechtsanwälten, Steuerberatern und Sachverständigen – seine Tätigkeit **zeitabhängig** auf Stundensatzbasis abrechnet. Für eine zeitbezogene Vergütung spricht zunächst, dass Testamentsvollstreckungen – abhängig von der Komplexität der Aufgaben und des Nachlasses und der Zahl deren am Erbfall beteiligten Erben, Vermächtnisnehmern und Auflagenbegünstigten – einen sehr unterschiedlichen Arbeitsaufwand erfordern können. Von Vorteil mag auch sein, dass querulatorisch veranlagte Erben, die unnötigen zusätzlichen Arbeitsaufwand verursachen, durch regelmäßige Teilabrechnung des Testamentsvollstreckers in ihrem Verhalten gemäßigt werden. Gegen eine Zeitabrechnung wird z. B. eingewandt, dass der Testamentsvollstrecker seine aufgewandte Zeit nachweisen muss, was in der Praxis schwierig sein kann. Nicht verkannt werden darf auch, dass derartige „Zeitnachweise" nicht immer dem tatsächlich erbrachten Zeitaufwand des Testamentsvollstreckers entsprechen müssen. Es gilt deshalb die Empfehlung, dass eine zeitbezogene Vergütung nur bei seriösen Testamentsvollstreckern, die den Testierenden persönlich bekannt sind, angeordnet werden soll.

Praxishinweis:

Bei einer zeitbezogenen Vergütungsabrechnung sollte der Testamentsvollstrecker Sorge dafür tragen, dass der angefallene Zeitaufwand stets ausreichend gegenüber den Erben **dokumentiert** wird. Ratsam ist weiter, die Abrechnungen in relativ **kurzen Zeiteinheiten** zu stellen.

Die Rechtsprechung hat – in Fällen, in denen der Erblasser **keine** Vergütungsanordnung getroffen hat – die Frage, ob zur Ermittlung der „angemessenen" Vergütung im Sinne des § 2221 BGB auf eine zeitbezogene Abrechnung abgestellt werden darf, eine ablehnende Haltung bezogen. Dies betrifft aber nicht den Fall, wenn der Erblasser selbst eine zeitbezogene Abrechnung angeordnet hat.

d) Verweisung auf Vergütungstabellen

Hat der Erblasser **keine Vergütungsregelung** getroffen, muss im Rahmen des § 2221 BGB die „angemessene" Vergütung für die Führung des Amtes ermittelt werden. In der Literatur wurden dazu bereits seit dem Jahr 1925 verschiedene **Zahlentabellen** vorgeschlagen und weiterentwickelt. Da diese Tabellenwerke teilweise sehr umfangreich sind, wird in der Praxis in der Regel nur auf diese Vergütungstabellen in der letztwilligen Verfügung verwiesen. Teilweise wird in der Literatur hieran kritisiert, dass dabei das Formerfordernis für die Regelung einer Testamentsvollstreckervergütung nicht gewahrt sei, da die Tabellen seit Abfassung der Verfügung von Todes wegen sich geändert haben könnten. Demgegenüber geht die ganz herrschende Meinung davon aus, dass eine derartige Verweisung zulässig ist, da es sich bei den veröffentlichten Tabellen um allgemein zugängliche Informationen handelt. Jedenfalls sind Verfügungen von Todes wegen geltungserhaltend auszulegen mit der Folge, dass der während der letztwilligen Verfügung angedeutete Wille des Erblassers eine bestimmte Vergütungsregelung festlegt, für die Ermittlung der Testamentsvollstreckervergütung zu beachten ist.

Praxishinweis:

In einer letztwilligen Verfügung kann somit durch einen einfachen **Verweis auf die üblichen Vergütungstabellen** eine rechtssichere Regelung der Testamentsvollstreckervergütung getroffen werden.

Mustertext „Vergütung des Testamentsvollstreckers"

Ich ordne an, dass für die Bemessung der Vergütung des Testamentsvollstreckers die Empfehlungen des Deutschen Notarvereins zugrunde gelegt werden sollen. Ist der Testamentsvollstrecker vorsteuerabzugsberechtigt, ist ihm die jeweils gültige Mehrwertsteuer zusätzlich zu erstatten. Seine Auslagen sind auf Nachweis gesondert zu erstatten.

3. Vergütung ohne Erblasseranordnung

a) „Angemessene" Vergütung

Hat der Erblasser in seiner Verfügung von Todes wegen keine Vorgaben zur Testamentsvollstreckervergütung getroffen, so steht ihm gem. § 2221 BGB eine **angemessen** Vergütung zu. Die Rechtsprechung und Literatur haben zur Feststellung der „Angemessenheit" folgende **Gesichtspunkte** entwickelt:

- Umfang und Wert des Nachlasses
- Besonderheiten der sich daraus ergebenden Tätigkeiten und Geschäfte
- Dauer der Testamentsvollstreckung
- Einbringung besonderer Kenntnisse und Erfahrungen des Testamentsvollstreckers
- Zahl und Alter der Beteiligten
- Erfolg der Tätigkeit des Testamentsvollstreckers
- Steuerbelastung der Vergütung mit Umsatzsteuer.

b) Gebührenarten

Abhängig von der Aufgabe des Testamentsvollstreckers und den verschiedenen Phasen seiner Tätigkeit hat die Praxis **verschiedene Gebührenarten** entwickelt. Der Sprachgebrauch ist dabei aber nicht einheitlich. So werden die Konstituierungsgebühr, die Regelgebühr und die Verwaltungsgebühr sowie die Abwicklungsvergütung und die Auseinandersetzungsgebühr unterschieden.

- **Regelgebühr:** Die normale Abwicklungsvollstreckung gem. § 2203 BGB umfasst die Ermittlung und Inbesitznahme des Nachlasses,

Erstellung der Verzeichnisse, Anfertigung der Erbschaftsteuererklärung, Zahlung der Steuer, Regulierung der Nachlassverbindlichkeiten sowie der Vermächtnisse, Schlussrechnung, Auseinandersetzung und Herausgabe des Nachlasses an die Erben, nicht aber die laufende Verwaltung oder eine schwierige Auseinandersetzung. Für diese Tätigkeit erhält der Testamentsvollstrecker eine Regelgebühr, die teilweise auch **Konstituierungsgebühr** genannt wird.

- **Verwaltungsgebühr:** Hat der Erblasser den Testamentsvollstrecker mit einer langfristigen Verwaltung des Nachlasses (z. B. bis zur Volljährigkeit eines minderjährigen Erben) beauftragt, erhält er eine so genannte Verwaltungsgebühr.
- **Auseinandersetzungsgebühr:** Ist die Auseinandersetzung des Nachlasses mit besonderen Schwierigkeiten verbunden (Erstellung von Teilungsplänen, Nachlassverkauf), so fällt zusätzlich eine so genannte Auseinandersetzungsgebühr an.
- Einige Testamentsvollstrecker rechnen – zu Unrecht – zusätzlich eine so genannte **Abschlussgebühr** bei Ende der Testamentsvollstreckung, für die aber keine Rechtsgrundlage besteht.

Der BGH hat (NJW 1963, 487) folgenden **Grundsatz für die Beurteilung der Angemessenheit** der Testamentsvollstreckervergütung aufgestellt:

> „Maßgebend für die Vergütung des Testamentsvollstreckers sind der ihm im Rahmen der Verfügung von Todes wegen nach dem Gesetz obliegende Pflichtenkreis, der Umfang der ihn treffenden Verantwortung und die von ihm geleistete Arbeit, wobei die Schwierigkeit der gelösten Aufgaben, die Dauer der Abwicklung oder der Verwaltung, die Verwertung besonderer Kenntnisse und Erfahrungen und auch die Bewährung einer sich im Erfolg auswirkenden Geschicklichkeit zu berücksichtigen sind."

c) Berechnungsgrundlage der Vergütung

Maßgebliche Basis für die Berechnung der Gebührentatbestände ist der **Bruttonachlasswert**, also der Verkehrswert des Aktivvermögens ohne Abzug der Nachlassverbindlichkeiten, wenn die Vollstreckertätigkeit auch die Schuldenregulierung umfasst. **Bewertungsstichtag** ist grundsätzlich der Erbfall. Ändert sich die Zusammensetzung und der Wert des Nachlasses im Laufe einer längeren Verwaltungstätigkeit, so ist dies für die Verwaltungs- und Auseinandersetzungsgebühr zu berücksichtigen. Hat der Erblasser dem Testamentsvollstrecker lediglich die Aufgabe der Erfüllung von Vermächtnissen übertragen, ist Berechnungsgrundlage für die Vergütung nur der Verkehrswert der Vermächtnisse.

Umstritten ist, ob **Vorausempfänge der Erben** zum Wert des Nachlasses hinzuzurechnen sind. Die Rspr. hat dies mit der Begründung verneint, dass die Problematik der Vorausempfänge erst im Rahmen von Zuschlägen zu berücksichtigen sei. Nach Meinung der Literatur gehören alle ausgleichungspflichtigen Vorempfänge und Schenkungen der letzten zehn Jahre vor dem Erbfall zur Nachlassmasse, die ein Testamentsvollstrecker verwalten und ebenso regeln muss wie die Nachlassverbindlichkeiten. Dies ergibt sich insbesondere aus § 14 Abs. 1 S. 1 Erbschaftsteuergesetz wegen der Zusammenrechnung der innerhalb von zehn Jahren angefallenen Zuwendungen bei der Erbschaftsteuer und aus der Berechnung von Pflichtteils- bzw. Pflichtteilsergänzungsansprüchen, auch wenn der Pflichtteilsanspruch nur gegen den Erben selbst geltend gemacht werden kann (§ 2213 Abs. 1 S. 3 BGB). Diese Vorempfänge sind somit bereits bei der Konstituierung und der Nachlassverwaltung zu berücksichtigen, führen häufig zu Differenzen zwischen den Erben und Vermächtnisnehmern und damit zwangsläufig zu Mehrarbeit des Testamentsvollstreckers.

d) Vergütungstabellen

Bereits im Jahre 1925 wurde versucht, die oben dargestellten allgemeinen Grundsätze für die Ermittlung der angemessenen Testamentsvollstreckervergütung in einer Zahlentabelle auszudrücken. Dieser so genannten „Rheinische Tabelle“ wurden später verschiedene konkurrierende Tabellen gegenübergestellt und diese wiederum im Laufe der Zeit überarbeitet. Da – gerade in älteren letztwilligen Verfügungen – diese Vergütungstabellen immer noch für annehmbar erklärt werden, sollen die – praxisrelevanten – Vorschläge wiedergegeben werden.

aa) „Rheinische Tabelle". Die im Jahre 1918 aufgestellten und im Jahre 1925 verbesserten Richtlinien des Rheinischen Notariats lauten wörtlich wie folgt:

Rheinische Tabelle

Es wird empfohlen, als Gebühr für die Tätigkeit des Notars als Testamentsvollstrecker im Regelfall wie folgt zu berechnen:
Bruttowert

Bei einem Nachlasswert bis zu 20.000 RM (dies entspricht umgerechnet € 10.000)	4 %
Darüber hinaus bis zu 100.000 RM (dies entspricht umgerechnet € 50.000)	3 %
Darüber hinaus bis zu 1 Mio. RM (dies entspricht umgerechnet € 500.000)	2 %
Darüber hinaus bis zu	1 %

Diese Sätze gelten für normale Verhältnisse und glatte Abwicklung. Folgt dagegen eine längere Verwaltungstätigkeit, z. B. beim Vorhandensein von Minderjährigen, oder verursacht die Verwaltung eine besonders umfangreiche und zeitraubende Tätigkeit, so kann eine höhere Gebühr als angemessen erachtet werden, auch eine laufende, nach dem Jahresbetrag der Einkünfte zu berechnende Gebühr gerechtfertigt sein.

Praxishinweis:

Der BGH (NJW 1967, 2400) hat die „alte" Rheinische Tabelle schon in seiner Entscheidung aus dem Jahr 1967 als „*bewährte Sätze*" bezeichnet, als **„geeignete Grundlage für die Berechnung einer angemessenen Vergütung im Regelfall"**.
In der Entscheidung des BGH (ZEV 2005, 22 = FamRZ 2005, 207) hatte sich der Testamentsvollstrecker auf die „alte" Rheinische Tabelle gestützt, ohne dass dies vom BGH kritisiert worden wäre.
Das OLG Köln (FamRZ 1994, 328 = NJW-RR 1994, 269 = ZEV 1994, 120) meint, die „alte" Rheinische Tabelle könne als Grundlage für die Berechnung der Testamentsvollstreckervergütung herangezogen werden.
Auch das OLG Düsseldorf (MittRhNotK 1996, 172) nimmt an, dass „die Richtlinien des rheinpreußischen Notarvereins auch heute noch eine **geeignete Grundlage** für die Bemessung der Testamentsvollstreckergebühren sind".

bb) „Möhring'sche Tabelle". Die von Möhring/Beisswingert/Klingelhöffer entwickelte und zwischenzeitlich modifizierte „Möhring'sche Tabelle" enthält folgende Werte:

Möhring'sche Tabelle

Wert		Vergütung
bis zu einem Betrag von	€ 12.500,– Euro	7,5 %
bis zu einem Betrag von	€ 25.000,– Euro	7,0 %
bis zu einem Betrag von	€ 50.000,– Euro	6,0 %
bis zu einem Betrag von	€ 100.000,– Euro	5,0 %
bis zu einem Betrag von	€ 200.000,– Euro	4,5 %
bis zu einem Betrag von	€ 500.000,– Euro	4,0 %
bis zu einem Betrag von	€ 1.000.000,– Euro	3,0 %

Bei Nachlässen über 1 Mio. € ist die Vergütung dadurch zu ermitteln, dass aus dem über 1 Mio. € liegenden Wert 1 % errechnet und dieser Betrag dem Vergütungssatz für 1 Mio. hinzugerechnet wird.

cc) „Vergütungsempfehlung des Deutschen Notarvereins". Die Vergütungsempfehlungen des Deutschen Notarvereins wurden aus der alten Rheinischen Tabelle fortentwickelt. Die hieraus abgeleitete Bezeichnung „**Neue Rheinische Tabelle**" ist aber nicht zutreffend, da beide Tabellen unterschiedliche Ansatzpunkte verfolgen.

Die Vergütungsempfehlungen unterscheiden zwischen einer Regelvergütung als Vergütungsgrundbetrag und verschiedenen Vergütungszuschlägen. Sie sollen insbesondere der allgemeinen Kostensteigerung wie auch der Zunahme komplizierter Testamentsvollstreckungen Rechnung tragen. Da diese Empfehlungen in der Gestaltungspraxis zunehmend verwendet werden, wird der Text im **Anhang** vollständig wiedergegeben (abgedruckt in der ZEV 2000, 181 sowie im Internet abrufbar unter www.dnotv.de).

dd) Stellungnahme der Rechtsprechung zu den Vergütungstabellen. Der BGH (ZEV 2005, 22 = FamRZ 2005, 207) hat sich bisher gegen jede schematische Anwendung von Tabellen gewandt:

> „In der Rechtsprechung des BGH ist geklärt, von welchen Grundsätzen gemäß § 2221 BGB bei der Ermittlung der angemessenen Vergütung auszugehen ist: Maßgebend ist der Pflichtenkreis, der dem Testamentsvollstrecker im Rahmen der Verfügung von Todes wegen nach dem Gesetz obliegt, der Umfang seiner Verantwortung und die von ihm geleistete Arbeit, wobei die Schwierigkeit der gelösten Aufgaben, die Dauer der Abwicklung oder Verwaltung, die Verwertung besonderer Kenntnisse und Erfahrungen wie auch die Bewährung einer sich im Erfolg auswirkenden Geschicklichkeit zu berücksichtigen sind. Dabei ist die Berechnung der Vergütung nach Bruchteilen des Nachlasswerts möglich und im Grundsatz der Rechtssicherheit und dem Rechtsfrieden förderlich. Solche Richtsätze – wie etwa die hier herangezogene Rheinische Tabelle – dürfen jedoch nicht schematisch angewandt werden. Sie geben i. d. R. nur einen Anhalt für Fälle, in denen der Testamentsvollstrecker die üblichen Aufgaben erfüllt".

Dem Hinweisbeschluss des OLG Köln (RNotZ 2007, 548 m. Anm. *Eckelskemper* = ZEV 2008, 335) ist – entgegen vereinzelter Stimmen in der Literatur - nicht zu entnehmen, es gelte allgemein die „Neue" Rheinische Tabelle (= DNotV-Empfehlungen). Lediglich das OLG Schleswig (RNotZ 2010, 267) meint, dass *„bei der Bestimmung der angemessenen Vergütung des Testamentsvollstreckers – wenn auch nicht schematisch – die sog. Neue Rheinische Tabelle als Anhalt herangezogen werden kann*". Dieses Urteil enthält aber auch kein eindeutiges Bekenntnis zur Neuen Rheinischen Tabelle.

Praxishinweis:

Nach der Rechtsprechung trägt der Testamentsvollstrecker bei einer gerichtlichen Überprüfung der Testamentsvollstreckervergütung die **Darlegungs- und Beweislast** für die Höhe der Vergütung. Der Testamentsvollstrecker hat also die Kriterien für die die Angemessenheit zu ermitteln, sie richtig auszudifferenzieren und in Zahlen zu übersetzen. Ein Ermessensspielraum wird ihm nicht zugestanden. Im Zivilprozess über die Vergütung ist die Angemessenheit voll nachprüfbar, also nicht beschränkt auf einen Ermessensmissbrauch.

In der Literatur wird deshalb die Auffassung vertreten, dass eine Berechnung der Testamentsvollstreckervergütung von der Rechtsprechung dann keine Beanstandung erfährt, wenn der Testamentsvollstrecker von der (alten) Rheinischen Tabelle ausgeht, die dort vorgesehene Vergütung als Regelvergütung begreift und die sich aus den Umständen des Einzelfalls ergebenden Zu- und Abschläge vornimmt.

4. Fälligkeit und Entnahme der Vergütung

Soweit der Erblasser nichts anderes bestimmt hat, ist die Testamentsvollstreckervergütung grundsätzlich erst nach Beendigung der Tätigkeit als einmalige Zahlung **fällig**. Da § 2218 BGB für das Rechtsverhältnis zwischen dem Testamentsvollstrecker und dem Erben auf das Auftragsrecht dem Grundsatz nach verweist, aber die in § 669 BGB geregelte Vorschusspflicht nicht erwähnt, steht dem Testamentsvollstrecker **kein Anspruch auf Vorschuss** zu. Nur bei einer länger dauernden Verwaltung (§ 2218 Abs. 2 BGB), insbesondere bei einer Dauertestamentsvollstreckung (§ 2209 BGB), kann der Testamentsvollstrecker seine Vergütung in periodischen Abschnitten **jährlich** nachträglich verlangen. Seine Schlussvergütung kann der Testamentsvollstrecker erst mit Rechnungslegung verlangen.

Praxishinweis:

Da die gesetzliche Regelung zur Fälligkeit der Vergütung den Testamentsvollstrecker über einen längeren Zeitraum hinweg in die **Vorleistungspflicht** zwingt, empfiehlt es sich für den Erblasser in der letztwilligen Verfügung eine interessensgerechte Lösung aufzunehmen. Dies verhindert auch, dass – rechtlich uninformierte – Testamentsvollstrecker verfrüht einen Vorschuss aus dem Nachlass entnehmen.

Der Testamentsvollstrecker kann seine Vergütung nicht durch das Nachlassgericht verbindlich festsetzen lassen. Er ist deshalb darauf angewiesen, den Betrag, den er für angemessen hält, den Erben mitzuteilen und dem Nachlass zu entnehmen. Sind die Erben mit dem vom Testamentsvollstrecker angesetzten Betrag nicht einverstanden, weil sie ihn für zu hoch halten, kann der Testamentsvollstrecker **Feststellungsklage** (§ 256 ZPO) gegen die Erben erheben oder die Erben können gegen den Testamentsvollstrecker auf **Rückzahlung** des zu viel entnommenen Vergütungsbetrages klagen.

Mustertest „Fälligkeit der Testamentsvollstreckervergütung"

Der Testamentsvollstrecker erhält folgende Vergütung:......
Die Vergütung ist fällig zu 50 % nach Erstellung des Nachlassverzeichnisses, die Restvergütung nach Erledigung aller dem Testamentsvollstrecker obliegenden Tätigkeiten.

5. Schuldner der Vergütung

§ 2221 BGB enthält keine Aussage darüber, wer für die Testamentsvollstreckervergütung **zahlungspflichtig** ist. Hat der Erblasser hierzu keine ausdrückliche Regelung in seiner Verfügung von Todes wegen getroffen, muss die Vergütung als Nachlassverbindlichkeit von den **Erben als Gesamtschuldner** beglichen werden. Im Innenverhältnis tragen die Miterben die Kosten der Testamentsvollstrecker grundsätzlich nach ihren Erbquoten. Die Auslegung des Testaments kann ausnahmsweise ergeben, dass ein Erbe einen größeren Anteil an der Testamentsvollstreckervergütung zu tragen hat.

Gehört es zu den Aufgaben des Testamentsvollstreckers dem **Vermächtnisnehmer** einen Einzelgegenstand zu verschaffen, trägt nach überwiegender Ansicht die hierfür anfallenden Kosten nicht der Vermächtnisnehmer, sondern der Erbe, in dessen Interesse die Erfüllung einer Nachlassverbindlichkeit liegt. Anders ist es hingegen, wenn dem Testamentsvollstrecker die Verwaltung des Vermächtnisgegenstandes obliegt.

Bei einer Vor- und Nacherbschaft ist zu **unterscheiden**:

- Betrifft die Testamentsvollstreckung nur den Vorerben bis zum Eintritt der Nacherbschaft, hat dieser die Testamentsvollstreckervergütung zu tragen.
- Bei der Nacherbenvollstreckung geht die herrschende Meinung davon aus, dass der Nacherbe Vergütungsschuldner ist.

6. Mehrere Testamentsvollstrecker

Sind **mehrere** Testamentsvollstrecker nebeneinander in demselben Aufgabengebiet tätig, ist streitig, wie die Vergütung aufzuteilen ist. Das OLG Stuttgart hat zwar entschieden, dass zwar bei zwei Testamentsvollstreckern jeder die Hälfte der Gebühr bekommen soll. Andererseits muss dem Erblasser bewusst gewesen sein, dass bei der Einsetzung von mehr als einem Testamentsvollstrecker auch höhere Kosten – nicht zwingend aber die doppelten – Vergütung entstehen werden.

Praxishinweis:

Legt der Erblasser Wert darauf, dass sein Nachlass durch mehrere Testamentsvollstrecker auseinandergesetzt oder verwaltet wird, muss er – um Streit zwischen den Testamentsvollstreckern von vornherein zu vermeiden – die Höhe der Vergütung und deren **Aufteilung** in seiner letztwilligen Verfügung klar festlegen.

7. „Vermeintlicher" Testamentsvollstrecker

Von einem „**vermeintlichen**" Testamentsvollstrecker spricht man, wenn sich nachträglich (z. B. weil eine aktuellere letztwillige Verfügung aufgetaucht ist) herausstellt, dass die Ernennung des Testamentsvollstreckers unwirksam ist, dieser aber bereits – gut- oder bösgläubig – tätig geworden ist. Nach Ansicht des BGH soll der **gutgläubige** Testamentsvollstrecker, dessen Tätigkeit von den Erben nicht von Anfang an abgelehnt wurde, gem. §§ 675, 612 BGB einen Vergütungsanspruch und gem. § 683 BGB einen Aufwendungsersatzanspruch haben. Beim **bösgläubigen** Testamentsvollstrecker entfällt dagegen ein Vergütungsanspruch.

8. Umsatzsteuer und Testamentsvollstreckervergütung

Hier müssen zwei Fragen unterschieden werden: Zum einen ist zu klären, ob der Testamentsvollstrecker **umsatzsteuerpflichtig** ist, weil er Unternehmer im Sinne von § 2 UStG ist. In der Literatur wird verstärkt die Auffassung vertreten, dass eine einmalige Testamentsvollstreckung nicht unter die Umsatzsteuer falle, da es hierbei an einer nachhaltigen Tätigkeit zur Erzielung von Einnahmen fehlt. Demgegenüber sieht der BFH auch in den Fällen, in denen nur eine einzige Testamentsvollstreckung durchgeführt wird, eine nachhaltige und damit unternehmerische Tätigkeit im Sinne des § 1 UStG.

Praxishinweis:

Solange sich die gefestigte Rechtsprechung des BFH nicht geändert hat, muss der Testamentsvollstrecker von der Umsatzsteuerpflichtigkeit seiner Tätigkeit ausgehen.

Eine andere Frage ist, ob die **Umsatzsteuer** in der dem Testamentsvollstrecker zustehenden Gesamtvergütung bereits **enthalten** ist. Nach der inzwischen vorliegenden obergerichtlichen Rechtsprechung und h. M. kann der Testamentsvollstrecker die Umsatzsteuer zusätzlich zu seiner Vergütung verlangen. Anders liegt es nur, wenn eine abweichende Anordnung des Erblassers vorliegt oder die in Bezug genommene Tabelle dies anders bestimmt.

9. Auslagenersatz

Neben der Vergütung kann der Testamentsvollstrecker den **Ersatz seiner Aufwendungen** beanspruchen, die er den Umständen nach für erforderlich halten durfte (§§ 2218, 670 BGB). Aus der Pflicht, den Nachlass ordnungsgemäß zu verwalten, folgt, dass für Aufgaben, die der Testamentsvollstrecker nicht aus eigener Kenntnis bewältigen kann, **Fachleute** hinzuzuziehen sind. Wird einem Rechtsanwalt eine Vermögensverwaltung übertragen, so wird von ihm regelmäßig erwartet werden können, dass er die dabei anfallenden einfacheren Steuerangelegenheiten selbst erledigt, insbesondere auch die Erbschaftsteuererklärungen bearbeitet. Nur wenn verwickelte oder schwierige Fragen die Heranziehung eines Spezialisten erforderlich machen, können die hierfür aufgewendeten Kosten dem Nachlass entnommen werden. Eingeschaltetes „Hilfspersonal“, z. B. Schreibkräfte, Sekretärinnen, usw. sind hingegen nicht aus dem Nachlass zu vergüten. Anders als der Vergütungsanspruch ist der Auslagenersatzanspruch sofort fällig.

Umstritten ist, ob **Versicherungsprämien**, die der Testamentsvollstrecker für eine Vermögensschadens-Haftpflichtversicherung zur

Abwehr etwaiger Regressansprüche aufwendet, vom Auslagenersatzanspruch erfasst werden.

Ist der Testamentsvollstrecker **Berufsträger** (z. B. Rechtsanwalt oder Notar) wird die Tätigkeit des Testamentsvollstreckers von seiner Berufshaftpflichtversicherung erfasst mit der Folge, dass die hierfür aufgewendeten Versicherungsprämien nicht erstattungsfähig sind. Bei einem privaten Testamentsvollstrecker dürfte aber der Wille des Erblassers dahin gehen, dass der Testamentsvollstrecker seine haftungsträchtige Tätigkeit haftpflichtversichert und die hierfür entstandenen Kosten nicht privat zu tragen hat, sondern dem Nachlass entnehmen darf. Dies dient auch dem Interesse des Erben und der Vermächtnisnehmer.

Praxishinweis:

Der Erblasser kann in seiner Verfügung von Todes wegen anordnen, dass der Testamentsvollstrecker eine Vermögensschaden-Haftpflichtversicherung bis zu einer gewissen Haftungssumme **auf Kosten des Nachlasses** abschließen kann.

Mustertext „Vermögensschaden-Haftpflichtversicherung"

Der Testamentsvollstrecker ist berechtigt, auf Kosten des Nachlasses eine Vermögensschaden-Haftpflichtversicherung bis zu einer Haftungssumme von € 2 Mio. zur Deckung evtl. Haftungsschäden in seiner Funktion als Testamentsvollstrecker abzuschließen.

IX. Testamentsvollstreckung im Handels- und Gesellschaftsrecht

1. Zweck einer Testamentsvollstreckung im Unternehmensbereich

Für den Erblasser, der ein Handelsgeschäft betreibt oder an einer Gesellschaft beteiligt ist, besteht in folgenden **Fallgruppen** ein großes praktisches Bedürfnis eine Testamentsvollstreckung anordnen zu können:

- Der als Unternehmensnachfolger vorgesehene Erbe ist bei Eintritt des Erbfalls minderjährig, zu jung oder geschäftlich unerfahren.
- Der Erbe ist für eine Unternehmensführung nicht geeignet.
- Das „Lebenswerk" des Unternehmers soll über seinen Tod hinaus erhalten und vor einer Einflussnahme der Erben geschützt werden.
- Der Nachlass soll vor dem Zugriff der Eigengläubiger des Erben geschützt werden (§ 2214 BGB).

Diese Zielvorstellungen könnten aus erbrechtlicher Sicht durch die Anordnung einer Testamentsvollstreckung umgesetzt werden, da ein fachlich qualifizierter Testamentsvollstrecker das Unternehmen für eine Interimszeit oder dauerhaft fortführen kann.

2. Einschränkung der Testamentsvollstreckung durch handels- und gesellschaftsrechtliche Prinzipien

Dem Einsatz der Testamentsvollstreckung zur Verwirklichung dieser Ziele werden aber durch handels- und gesellschaftsrechtliche Prinzipien relativ **enge Grenzen** gesetzt. Da diese Schranken in der Rechtsprechung und Literatur noch nicht vollständig geklärt sind, stellt sich die Testamentsvollstreckung für den Unternehmensbereich als schwierig zu handhabendes Instrumentarium dar.

a) Schranke Nr. 1: „Handels- und erbrechtliche Haftungsgrundsätze sind unvereinbar"

Die **Haftungsgrundsätze des Handelsrechts** sind mit denen eines Erbrechts nicht vereinbar:

- Ein Einzelkaufmann oder ein persönlich haftender Gesellschafter haften grundsätzlich **unbeschränkt und unbeschränkbar** mit ihrem **Privatvermögen** (§§ 22, 25, 27, 128, 130 HGB).
- Nach den erbrechtlichen Bestimmungen (§ 2206 BGB) kann der Testamentsvollstrecker dagegen **Verbindlichkeiten nur für den Nachlass** eingehen und er kann nicht verhindern, dass der Erbe die Beschränkung seiner Haftung für die Nachlassverbindlichkeiten herbeiführt (§§ 1967, 1973 ff., 1980, 1990, 2206 Abs. 2 BGB).

Der Testamentsvollstrecker haftet zudem mit seinem Privatvermögen nicht persönlich für diejenigen Verbindlichkeiten, die aus seiner Amtstätigkeit entstehen.

Könnte also der Testamentsvollstrecker das Unternehmen für die Erben fortführen, würde ein „**Unternehmen mit beschränkter Haftung**" entstehen ohne dass man sich der hierfür vorgesehenen Rechtsformen (GmbH, Aktiengesellschaft) bedienen müsste. Wegen des **Vorrangs des Handelsrechts** vor dem Erbrecht (Art. 2 EGHGB) kann der Testamentsvollstrecker somit aufgrund seines Amtes kein Handelsgeschäft führen.

b) Schranke Nr. 2: „Gesellschaftsrechtliche Mitwirkungsrechte nicht auf Dritte übertragbar"

Eine weitere Beschränkung der Testamentsvollstreckung ergibt sich aus **gesellschaftsrechtlichen Mitwirkungsrechten**, die nicht durch eine Testamentsvollstreckung eingeschränkt werden können:

- Die gesellschaftsrechtliche Mitwirkung (wie z. B. das Stimmrecht, Informations- und Kontrollrechte, Teilnahme an Gesellschafterversammlungen und Beschlüssen) können **nur eingeschränkt einer direkten** Testamentsvollstreckung unterworfen werden, da die Erben nicht vollständig aus der vererbten Gesellschafterstellung verdrängt werden können.
- Grund ist unter anderem auch, dass sich die unbeschränkte Haftung des Gesellschaftererben nach den §§ 128, 130 HGB nicht mit der auf den Nachlass beschränkbaren Haftung des § 2206 BGB verträgt. Die **personenrechtliche** Seite der Gesellschafterstellung kann bei Personengesellschaften (BGB-Gesellschaft, OHG) nicht auf dritte Personen und damit auch nicht auf einen Testamentsvollstrecker übertragen werden. Zulässig ist es aber nach der Rechtsprechung die **vermögensrechtliche** Seite der Gesellschafterstellung, also die Verwaltung und Fälligkeit von Gewinnansprüchen nach dem Erbfall oder Ansprüche auf ein Auseinandersetzungs- oder Abfindungsguthaben einer Testamentsvollstreckung zu unterstellen.

3. Ersatzlösungen

Zur **Lösung des Konflikts zwischen dem Handels- und Gesellschaftsrecht** einerseits und dem Erbrecht andererseits werden verschiedene Lösungen vorgeschlagen:

a) „Vollmachtslösung"

Bei einer „Vollmachtslösung" führt der Testamentsvollstrecker das Handelsgeschäft **als Bevollmächtigter der Erben**, die Inhaber des Handelsgeschäfts sind und als solche auch im Handelsregister eingetragen werden. Diese haften dann für Geschäftsverbindlichkeiten, die als der Tätigkeit des Testamentsvollstreckers als Bevollmächtigter entstehen, persönlich und unbeschränkt auch mit ihrem Privatvermögen.

Die Fortführung des Unternehmens durch den Testamentsvollstrecker setzt aber voraus, dass entweder die Erben „freiwillig" dem Testamentsvollstrecker eine entsprechende **Vollmacht** (Prokura, Handlungsvollmacht) erteilen oder der Erblasser entsprechende Anordnungen zur Erteilung einer derartigen Vollmacht getroffen hat.

Praxishinweis:

Vorteil der Vollmachtslösung ist, dass den Testamentsvollstrecker **keine persönliche Haftung** für Geschäftsverbindlichkeiten trifft. Von Nachteil aber ist, dass die Erben eine von ihnen oder vom Erblasser erteilte Vollmacht jederzeit widerrufen können und die Gefahr besteht, dass die Erben selbst tätig werden und damit in Handlungskonkurrenz zum bevollmächtigten Testamentsvollstrecker treten. Dies kann im unternehmerischen Bereich fatale Folgen für das Handelsgeschäft haben. Diesem Verhalten der Erben kann der Erblasser in einem gewissen Umfang mit letztwilligen **„Strafandrohungen"**, wie z. B. einer bedingten Erbeinsetzung oder Auflagen entgegenwirken.

b) „Treuhandlösung"

Bei der „Treuhandlösung" übernimmt der Testamentsvollstrecker das Unternehmen als Treuhänder und führt es **im eigenen Namen, aber für Rechnung der Erben** fort. Im Außenverhältnis haftet der Testamentsvollstrecker dann persönlich und unbeschränkt auch mit seinem Privatvermögen.

In der Praxis werden regelmäßig nur wenige Testamentsvollstrecker bereit sein, diese mit der Treuhandlösung verbundenen **Haftungsrisiken** einzugehen, auch wenn im Innenverhältnis zu den Erben Freistellung von der Haftung verlangt werden kann.

Bei der Treuhandlösung werden zwei **Varianten** unterschieden:

- **Ermächtigungstreuhand :** Hierbei bleiben die Erben grundsätzlich Inhaber des Geschäftsvermögens; der Testamentsvollstrecker hat eine Stellung ähnlich eines **Pächters.**
- **Vollrechtstreuhand :** Hierbei muss der Testamentsvollstrecker das **Eigentum** am Gesellschaftsvermögen übertragen werden.

c) „Weisungsgeberlösung"

Bei der Weisungsgeberlösung, die im Schrifttum noch nicht abschließend geklärt ist, gibt der Testamentsvollstrecker das Handelsgeschäft im **Außenverhältnis** gem. § 2217 BGB frei, behält sich aber im **Innenverhältnis** zum Erben die Entscheidungsbefugnis vor. Die Aufspaltung von Außen- und Innenverhältnis setzt eine entsprechende letztwillige Anordnung des Erblassers oder eine Einigung des Testamentsvollstreckers mit den Erben voraus.

Praxishinweis:

Ein **Nachteil** der Weisungsgeberlösung ist, dass Verstöße der Erben gegen Weisungen des Testamentsvollstreckers sich nur im Innenverhältnis, nicht aber nach außen auswirken.

d) „Beaufsichtigende" Testamentsvollstreckung

Der BGH hat entschieden, dass eine Testamentsvollstreckung zwar nicht die vererbten **höchstpersönlichen Mitgliedschaftsrechte** (das Stimmrecht, das Recht auf Teilnahme an der Gesellschafterversammlung, das Recht auf Vertretung und Geschäftsführung und das Informationsrecht; die so genannte Innenseite der Beteiligung), wohl aber die „**Außenseite**" (d. h. die laufenden Gewinnansprüche, den künftigen Auseinandersetzungsanspruch, den Anteilswert) betreffen kann. Hieraus wird in der Literatur geschlossen, dass auch einem Einzelunternehmen auf der „Außenseite" eine „**beaufsichtigende**" Testamentsvollstreckung möglich sei, mit der Folge, dass der Erbe – obwohl er Inhaber des ererbten Unternehmens ist – ohne Mitwirkung des Testamentsvollstreckers nicht über dieses verfügen kann und dass Eigengläubiger des Erben nicht in das Unternehmen vollstrecken können (§ 2214 BGB). Im Innenverhältnis werden dagegen ausschließlich die Erben tätig.

Es bleibt abzuwarten, ob die Lösung der beaufsichtigenden Testamentsvollstreckung den Anforderungen der Praxis und einer effektiven Testamentsvollstreckung gerecht werden wird.

e) „Umwandlungslösung"

Die Testamentsvollstreckung an einer **Kapitalgesellschaft** (GmbH oder Aktiengesellschaft) begegnet grundsätzlich keinen erbrechtlichen oder gesellschaftsvertraglichen Bedenken. Der Gesellschaftsanteil des verstorbenen Gesellschafters ist vererblich und gehört zum Nachlass. Eine angeordnete Testamentsvollstreckung erfasst damit auch den Anteil des Erblassers an der Kapitalgesellschaft. Eine **Verwaltungsvollstreckung** ist nach allgemeiner Auffassung **zulässig** und bedarf nicht der Zustimmung der Erben.

Eine gewisse Einschränkung ergibt sich aber aus der so genannten **Kernbereichslehre**. Danach sind Eingriffe in den Kernbereich der Mitgliedschaft nur mit Zustimmung des Inhabers, also des Gesellschaftererben, zulässig. Soweit der Kernbereich der Mitgliedschaft betroffen ist, besteht eine Doppelzuständigkeit von Testamentsvollstrecker und Erbe. Zum **Kernbereich** des Erben gehören:

- Gesellschaftsvertragliche Regelungen zur Beendigung der Beteiligung, Verringerung des Kapitalanteils, der Gewinnbeteiligung des Auseinandersetzungsguthabens, Erhöhung der handelsrechtlichen Haftung oder der Leistungspflichten.

- Kündigung, Aufhebungs- oder Ausschließungsklage.
- Das außerordentliche Kontrollrecht nach § 118 Abs. 2 HGB.
- Das Wahlrecht nach § 139 HGB.

Die Testamentsvollstreckung bei Kapitalgesellschaften ist also leichter und zudem effektiver und es kann sich deshalb anbieten, das Unternehmen in eine GmbH oder AG gemäß den §§ 152 ff. Umwandlungsgesetz umzuwandeln, da an solchen Anteilen eine direkte Testamentsvollstreckung unproblematisch ist. Dies kann der Erblasser bereits zu Lebzeiten in Angriff nehmen oder den Erben im Wege einer Auflageverpflichtung aufgeben, das Unternehmen in eine Kapitalgesellschaft überzuführen.

Praxishinweis:

Die Vollmachts-, Treuhand- und Weisungsgeberlösung sowie die beaufsichtigende Testamentsvollstreckung zeichnen sich durch einen **hohen theoretischen Aufwand** aus. Auf Dauer praktikabel und für das Unternehmen nutzbringend kann deshalb nur eine Testamentsvollstreckung im Bereich einer **Kapitalgesellschaft** – notfalls im Wege einer Umwandlung – empfohlen werden.

X. Beendigung des Testamentsvollstreckeramts

Die Beendigung der Testamentsvollstreckung ist von entscheidender Bedeutung für die Verwaltungs-, Verfügungs- und Verpflichtungsbefugnis, die vom Testamentsvollstrecker auf den oder die Erben übergeht. Eigengläubiger der Erben können mit dem Ende der Testamentsvollstreckung auf den Nachlass zu greifen (§ 2214 BGB).

Das **Ende der Testamentsvollstreckung** ist im Gesetz nicht ausdrücklich geregelt und tritt mit Erledigung aller Testamentsvollstreckeraufgaben oder dem Fehlen einer Möglichkeit, einen Testamentsvollstrecker als Nachfolger zu bestellen, ein. Hiervon zu unterscheiden ist die **(bloße) Beendigung des konkreten Testamentsvollstreckeramtes**, im Wesentlichen in den §§ 2225 bis 2227 BGB geregelt. Eine vom Nachlassgericht gem. § 2227 BGB ausgesprochene Entlassung des Testamentsvollstreckers führt nur ausnahmsweise dazu, dass die Testamentsvollstreckung als solche wegfällt.

1. Ende der Testamentsvollstreckung

Die Dauer der Testamentsvollstreckung als solche – also nicht des konkreten Testamentsvollstreckeramtes – richtet sich vorrangig nach den **Anordnungen des Erblassers**, wobei die in § 2210 BGB gesetzte zeitliche Schranke zu beachten ist.

a) Maßgeblichkeit des Erblasserwillens

Die Testamentsvollstreckung als solche endet, wenn die **Aufgaben**, die der Erblasser dem Testamentsvollstrecker zugewiesen hat, **erledigt** sind, ohne dass es dazu einer Niederlegung des Amtes oder einer Anzeige an das Nachlassgericht bedarf. Gleiches gilt, wenn die Erben nach Erledigung aller übrigen Aufgaben vereinbaren, die Auseinandersetzung zu unterlassen und die Erbengemeinschaft fortzusetzen. Die Testamentsvollstreckung endet auch, wenn der **Nachlass völlig erschöpft** ist. Hatte der Erblasser beispielsweise bestimmt, dass die Testamentsvollstreckung endet, sobald der Vorerbe keine Schulden mehr hat, insbesondere dessen Restschuldbefreiungsverfahren abgeschlossen ist, ist mit der Schuldenfreiheit auch die Testamentsvollstreckung beendet.

Praxishinweis:

Wegen der relativ unvollständigen gesetzlichen Regelung sollte der Erblasser **in seiner Verfügung von Todes** wegen die reguläre Dauer der Testamentsvollstreckung und die zu ihrem Ende führenden Tatbestände möglichst exakt regeln und dabei insbesondere klarstellen, ob mit der Beendigung eines konkreten Testamentsvollstreckeramtes auch die Testamentsvollstreckung insgesamt beendet ist oder mit einem Ersatztestamentsvollstrecker fortgesetzt werden soll.

Mustertext „Beendigung der Testamentsvollstreckung"

> Die Testamentsvollstreckung endet mit dem Tod des von mir eingesetzten Erben.
> Alternative:
> Die Testamentsvollstreckung endet, wenn der jüngste Miterbe das 27. Lebensjahr vollendet hat. Sollte der von mir eingesetzte Testamentsvollstrecker vor diesem Zeitpunkt wegfallen, soll das Nachlassgericht eine andere geeignete Person als Testamentsvollstrecker bestimmen.

b) Beendigungsvereinbarung zwischen Testamentsvollstrecker und Erben

Vereinbarungen zwischen den Erben einerseits und dem Testamentsvollstrecker andererseits über die Beendigung der Testamentsvollstreckung sind gesetzlich nicht vorgesehen, aber in der **Praxis** anzutreffen. Derartige Vereinbarungen können aber weder die Testamentsvollstreckung als solche aufheben, noch das Amt des Testamentsvollstreckers beenden. Der Testamentsvollstrecker kann sich aber gegenüber den Erben verpflichten, sein Amt zu einer bestimmten Zeit oder bei Eintritt eines bestimmten Ereignisses niederzulegen oder gem. § 2226 BGB zu kündigen. **Unzulässig** ist aber eine Verpflichtung des Testamentsvollstreckers, sein Amt jederzeit auf Verlangen eines oder aller Erben niederzulegen, sofern der Erblasser dies nicht ausdrücklich oder stillschweigend gebilligt hat; andernfalls stünde das Ende der Testamentsvollstreckung alleine im Belieben der Erben, nicht jedoch unter den Vorgaben des Erblassers.

c) Gegenständlich beschränkte Beendigung der Testamentsvollstreckung

Die Testamentsvollstreckung kann auch **hinsichtlich einzelner Nachlassgegenstände** beendet werden: Gibt der Testamentsvollstrecker einen Nachlassgegenstand gem. § 2217 BGB frei, so endet hieran die Testamentsvollstreckung. Wird ein Nachlassgegenstand wirksam veräußert (§ 2205 BGB), endet die Testamentsvollstreckung hieran, setzt sich aber am erzielten Erlös fort.

2. Beendigung des Testamentsvollstreckeramtes

Das Amt des Testamentsvollstreckers kann enden durch dessen Tod, Geschäftsunfähigkeit, Kündigung oder Entlassung durch das Nachlassgericht.

a) Beendigung durch Tod oder Geschäftsunfähigkeit des Testamentsvollstreckers

Das Amt des Testamentsvollstreckers erlischt mit seinem **Tod**, ist also nicht vererblich (§ 2225 BGB). Dies bedeutet aber nicht in jedem Fall, dass damit die Testamentsvollstreckung als solche erlischt. Lässt sich – notfalls durch Auslegung der letztwilligen Verfügung – ein Wille des Erblassers feststellen, dass die Testamentsvollstreckung fortgesetzt werden soll, hat das **Nachlassgericht** – wenn der Erblasser in seiner Verfügung von Todes wegen keine Ersatztestamentsvollstreckerregelung getroffen hat – gem. § 2200 BGB einen neuen Testamentsvollstrecker zu bestellen. Ein „Ersuchen des Erblassers" im Sinne des § 2200 Abs. 1 BGB kann auch durch Auslegung ermittelt werden, wenn z. B. den Erben die Verwaltung durch eine Dauertestamentsvollstreckung entzogen ist. Das Ersuchen kann dabei auch stillschweigend oder aus den gesamten Umständen als gestellt gelten. Es reicht grundsätzlich aus, dass der Ausschluss der Erben von der Nachlassverwaltung angeordnet oder klar ist, dass der Erblasser eine fortdauernde Testamentsvollstreckung wollte.

Das Amt des Testamentsvollstreckers endet ferner, wenn er **geschäftsunfähig** wird, oder einen **Betreuer** erhalten hat.

Praxishinweis:

Der Erblasser sollte für den Fall, dass die an erster Stelle als Testamentsvollstrecker eingesetzte Person das Amt nicht antreten kann (z. B. wegen Vorversterben) oder will (z. B. wegen Krankheit) in seiner Verfügung von Todes wegen eine Regelung zur Bestimmung des **Ersatztestamentsvollstreckers** aufnehmen.

b) Kündigung des Testamentsvollstreckers

Der Testamentsvollstrecker kann sein Amt gem. § 2226 BGB grundsätzlich jederzeit ohne Angabe von Gründen durch formlose unwiderrufliche Erklärung gegenüber dem Nachlassgericht **kündigen**. Erklärt er die Kündigung zur Unzeit, macht er sich gem. § 2219 BGB in Verbindung mit § 671 Abs. 2 S. 2 BGB schadenersatzpflichtig.

Im Falle der Eigenkündigung des Testamentsvollstreckers kann sich – notfalls durch Auslegung der letztwilligen Verfügung – ergeben, dass das Nachlassgericht einen **Ersatztestamentsvollstrecker** zu bestimmen hat.

Mustertext „Kündigung des Testamentsvollstreckers"

> An das Nachlassgericht (Ort)
> Ich (Testamentsvollstrecker) kündige hiermit mein Amt als Testamentsvollstrecker über den Nachlass des am (Todestag) in (Ort) verstorbenen (Erblasser) mit Wirkung zum (Beendigungstermin). Ich gebe sämtliche mir erteilten Ausfertigungen des Testamentsvollstreckerzeugnisses vom (Datum) zurück.
> (Unterschrift)

Praxishinweis:

Bei vorzeitiger Beendigung des Testamentsvollstreckeramtes infolge Kündigung kann sich die dem Testamentsvollstrecker zustehende **Vergütung** (§ 2221 BGB) mindern.

c) Entlassung des Testamentsvollstreckers durch das Nachlassgericht

Der Testamentsvollstrecker kann gem. § 2227 BGB auf Antrag eines Nachlassbeteiligten vom **Nachlassgericht** entlassen werden, wenn ein **wichtiger Grund** hierzu vorliegt. Das Gesetz nennt hier zwei – nicht abschließende – Beispielsfälle („insbesondere"): die grobe Pflichtverletzung und die Unfähigkeit des Testamentsvollstreckers zur ordnungsgemäßen Geschäftsführung.

Der BGH (Beschluss vom 17.05.2017 – IV ZB 25/1) hat entschieden, dass die Entscheidung zur Entlassung eines Testamentsvollstreckers nicht durch letztwillige Verfügung des Erblassers auf ein **Schiedsgericht** übertragen werden kann.

aa) Grobe Pflichtverletzung als Entlassungsgrund. Eine **grobe** Pflichtverletzung besteht in jedem schuldhaften Verhalten, das die Belange der Beteiligten erhebliche gefährdet, vor allem in strafbarer Untreue (§ 266 StGB), aber auch in minder schweren Verstößen, wie etwa die Nichtbefolgung von Anordnungen des Erblassers oder ordnungswidriger Verwaltung. **Bloß leichte oder durchschnittliche** Pflichtverletzungen genügen nicht für die Entlassung, können aber zur **Schadenersatzhaftung** des Testamentsvollstreckers gem. § 2219 BGB führen. Die Pflichtverletzung muss **schuldhaft**, also vorsätzlich oder fahrlässig, begangen worden sein. Hieran würde es z. B. fehlen, wenn die jährliche Rechnungslegung sich wegen Krankheit des Testamentsvollstreckers verzögert. Bei fehlendem Verschulden kann aber eine Unfähigkeit des Testamentsvollstreckers die Entlassung rechtfertigen.

BEISPIELE: Die Rechtsprechung hat eine **grobe Pflichtverletzung** in folgenden Fällen bejaht:

- Missachtung der letztwilligen Verwaltungsordnungen des Erblassers.
- Der Testamentsvollstrecker schlägt den Erben die Auseinandersetzung des Nachlasses vor, obwohl dies der Erblasser ausgeschlossen hat.
- Ermessensüberschreitung bei der Nachlassverwaltung.
- Völlige Untätigkeit.
- Bevorzugung einzelner Miterben.
- Eigennützige Geschäfte in größerem Umfang.
- Unzulässige Übertragung der Amtsführung auf eine ungeeignete Person.
- Schwerwiegender Verstoß gegen Anhörungspflichten (§ 2204 Abs. 2 BGB).
- Erstellen eines mangelhaften Nachlassverzeichnisses, das den Anforderungen des § 2215 BGB nicht genügt.
- Verweigerung des Testamentsvollstreckers den Erben ein Nachlassverzeichnis mitzuteilen.
- Hartnäckige Verweigerung von Auskünften über den Stand der Sache.

- Hartnäckige Verweigerung der Rechnungslegung.
- Entnahme einer absolut unangemessen hohen Vergütung aus dem Nachlass.
- Auszahlung hoher Beträge auf streitige Forderungen.
- Leichtfertiges Führen von Prozessen, die verlorengehen und den Nachlass zumindest kostenmäßig erheblich schädigen.
- Beauftragung eines Anwalts mit teuren und unsinnigen Einsprüchen gegen Erbschaftssteuerbescheide.
- Unzulässiges Insichgeschäft, weil sich der Testamentsvollstrecker selbst aus dem Nachlass ein Darlehen gibt.
- Weigerung des Testamentsvollstreckers, ein Vermächtnis zu erfüllen.
- Verstoß gegen eine Verwaltungsanordnung des Erblassers.

Bei der Beantwortung der Frage, ob eine grobe Pflichtverletzung vorliegt, kommt es immer auf die **Umstände des Einzelfalls** an. Entscheidend ist, was der Erblasser getan hätte. Im Rahmen einer Gesamtschau sind dabei folgende **Kriterien** zu würdigen:

- Hätte der Erblasser diese Person entlassen oder im Amt behalten?
- Haben die Miterben ein Interesse daran, den Testamentsvollstrecker weiter im Amt zu lassen?
- Wie ist die Interessenlage der Miterben, die die Entlassung beantragen?
- Entsteht ein größerer Schaden, wenn der Testamentsvollstrecker im Amt bleibt, als wenn er entlassen wird?
- Ein Testamentsvollstrecker, der zugleich Miterbe ist, wird eine schärfere Kontrolle akzeptieren müssen, als ein Nichterbe. Einem Testamentsvollstrecker, der vom Nachlassgericht ernannt wurde, kann man weniger nachsehen, als der vom Erblasser ernannten Vertrauensperson.
- Steht die Testamentsvollstreckung kurz vor ihrem Ende und sind nur noch wenige Aufgaben zu erledigen? Überwiegende Gründe können trotz Vorliegens einer schweren Pflichtverletzung für das Verbleiben des Testamentsvollstreckers in seinem Amt sprechen.

bb) Entlassung des Testamentsvollstreckers wegen Unfähigkeit. Bei diesem Entlassungsgrund ist ein **Verschulden** des Testamentsvollstreckers **nicht** erforderlich. Es reicht aus, dass eine Verhinderung aus tatsächlichen oder rechtlichen Gründen besteht, wodurch die Interessen der am Nachlass Beteiligten gefährdet werden.

BEISPIELE: Die Rechtsprechung hat eine Entlassung wegen **Unfähigkeit** bejaht bei:
- längerer Abwesenheit oder Krankheit.
- Verhaftung, Insolvenz oder Bestrafung des Testamentsvollstreckers.
- wenn dem Testamentsvollstrecker aus psychischen Gründen die Fähigkeit fehlt, den Nachlass sachlich abzuwickeln.
- verhaltensbedingter Verzögerung der Auseinandersetzung eines einfachen Nachlasses um mehr als zehn Jahre.

cc) Andere wichtige Gründe für eine Entlassung. Nach der Rechtsprechung ist eine Entlassung in folgenden **drei Fallgruppen** möglich:

- **Misstrauen:** Objektiv gerechtfertigtes Misstrauen des Erben in die unparteiische Amtsführung, für das der Testamentsvollstrecker den Beteiligten Anlass gegeben hat, mag dies auch unverschuldet gewesen sein. Dies ist etwa dann der Fall, wenn der Testamentsvollstrecker durch einseitige oder sogar eigennützige Auslegung von Testamentsbestimmungen Besorgnis oder Misstrauen in seine Amtsführung auslöst. Eine Entlassung ist auch denkbar, wenn der Testamentsvollstrecker verdächtig ist, eine Generalvollmacht des Erblassers kurz vor Erbfall zum eigenen Vorteil ausgenutzt zu haben.
- **Feindschaft:** Ein gestörtes Vertrauensverhältnis bzw. Feindschaft zwischen dem Testamentsvollstrecker und den Erben genügt für eine Entlassung nur, wenn objektive Tatsachen hinzukommen, z. B. wenn dadurch die ordnungsgemäße Amtsführung gefährdet wird oder jede Verständigung bei der Nachlassverwaltung ausgeschlossen erscheint. Hierbei ist aber immer zu beachten, dass der Testamentsvollstrecker sein Amt aus dem Vertrauen des Erblassers nicht aus dem zu den Erben herleitet. „Normale" Feindschaft mit den Erben allein genügt daher nicht für eine Entlassung.
- **Interessengegensatz:** Ein erheblicher Interessengegensatz zwischen dem Testamentsvollstrecker und den Erben kann ein Entlassungsgrund sein. Hat der Testamentsvollstrecker z. B. eine

ausbezahlte Lebensversicherung sich selbst als verzinsliches Darlehen gewährt, kann das seine Entlassung rechtfertigen. Weiter kann die Unterbreitung eines in hohem Maße eigennützigen Auseinandersetzungsvorschlages die Entlassung rechtfertigen. Gleiches gilt, wenn der Testamentsvollstrecker als Miterbe ein in Wirklichkeit nicht bestehendes Vorkaufsrecht an Nachlassgrundstücken für sich in Anspruch nimmt.

dd) Entlassungsverfahren. Das Entlassungsverfahren nach Entlassung des Testamentsvollstreckers wird gem. § 2227 BGB nie von Amts wegen, sondern **nur auf Antrag** eines Berechtigten eingeleitet. Der – formlose – Antrag kann durch das Gericht am Wohnsitz des Erblassers auch schon vor Amtsannahme gestellt werden. **Antragsberechtigt** ist der Erbe, jeder Miterbe für sich, der Vermächtnisnehmer, der Pflichtteilsberechtigte, nicht aber der normale Nachlassgläubiger.

Mustertext „Antrag auf Entlassung des Testamentsvollstreckers"

> In der Nachlasssache (Erblasser) verstorben am (Todestag) beantrage ich den Testamentsvollstrecker (Name, Anschrift) zu entlassen und ihm die Kosten des Entlassungsverfahrens aufzuerlegen.

Obwohl für das Entlassungsverfahren nach § 2227 BGB **kein Anwaltszwang** besteht, kann dem Antragsteller nur dringend geraten werden, fachkundigen Rat eines erfahrenen Erbrechtsspezialisten einzuholen. Die Praxis zeigt, dass die Mehrzahl der Entlassungsanträge verfrüht und schlecht begründet gestellt werden.

ee) Ermessungsentscheidung des Nachlassgerichts. Kommt das Nachlassgericht im Rahmen seiner Amtsermittlung (§ 26 FamFG) und etwaigen Anhörung der Beteiligten (§ 32 FamFG) zur Auffassung, dass ein wichtiger Grund für eine Entlassung vorliegt, muss es gleichwohl den Testamentsvollstrecker nicht zwingend entlassen. Dem Gericht ist insofern **Ermessen** eingeräumt („kann“), so dass es abzuwägen hat, ob nicht dennoch überwiegende Gründe für ein Verbleiben des Testamentsvollstreckers im Amt sprechen.

Gegen den **Entlassungsbeschluss** des Nachlassgerichts ist die befristete Beschwerde zulässig (§§ 58, 63 FamFG), die beim Nachlassgericht einzulegen (§ 64 FamFG) und zu begründen ist (§ 65 FamFG).

Praxishinweis:

Lehnt das Nachlassgericht eine Entlassung des Testamentsvollstreckers ab, sollte geprüft werden, ob nicht eine **Schadenersatzklage** gem. § 2219 BGB beim Prozessgericht erhoben wird. Hierdurch kann ein Testamentsvollstrecker, dessen Entlassung nicht gelungen ist, in seine rechtlichen Schranken verwiesen werden.

ff) Kosten und Entlassungsverfahren. Weil das Entlassungsverfahren ein gerichtliches Verfahren ist, fallen hierfür auch Kosten an. Diese berechnen sich nach dem Gegenstandswert. Weil „die Testamentsvollstreckung" nicht in einen Kostenwert gefasst werden kann, behilft sich die Rechtsprechung damit, zum Wertansatz eine einzelfallabhängige Betrachtung vorzunehmen.

Betreibt ein Miterbe das Verfahren auf Entlassung eines Testamentsvollstreckers, richtet sich der sog. Gegenstandswert für das Verfahren zunächst nach dem Rein- bzw. Nettonachlasswert. Das bedeutet, dass Schulden des Nachlasses vom Aktivnachlass abgezogen werden; aus dem auf diese Weise berechneten Nettonachlass werden dann pauschal 10% angenommen, die den „Streitwert" bilden.

Selbst wenn der Entlassungsantrag Erfolg hat, bedeutet dies aber noch nicht, dass die Verfahrenskosten dem unterlegenen Testamentsvollstrecker automatisch aufgebürdet werden. Grundsätzlich bezahlt derjenige alle Verfahrenskosten, der den Prozess verliert. Im Entlassungsverfahren kann das Nachlassgericht jedoch abweichend hiervon die Kostenverteilung „nach billigem Ermessen" regeln. Deshalb kann der erfolgreiche Antragsteller (der Erbe) auch zur Kostentragung herangezogen werden.

4. Kapitel

Die Rechte der Erben gegenüber dem Testamentsvollstrecker

I. Informationsansprüche

Den Erben stehen nicht nur Auskunfts- oder Rechnungslegungsansprüche gegen den Testamentsvollstrecker zu, sondern auch allgemeine **Informationsrechte**. Er muss die Erben über bestimmte Entscheidungen, die er im Rahmen seiner Verwaltungstätigkeit trifft, informieren.

1. Anhörungsrechte der Erben

Zu den Anhörungsrechten gehören insbesondere die Benachrichtigungs- und Anhörungspflichten, denen der Testamentsvollstrecker unterliegt. § 2218 Abs. 1 BGB verweist hierfür auf die Vorschriften des **Auftragsrechts**, nämlich die §§ 666 ff. BGB. Die dort genannten Ansprüche stehen dem Erben zu, mehreren Miterben nach § 432 BGB, so dass der Testamentsvollstrecker gemeinschaftlich an alle Miterben die Informationen übermitteln muss. Die Ansprüche sind gegen den Testamentsvollstrecker persönlich zu richten, weil er für den Fall, dass er einen Gerichtsprozess in diesem Bereich verlieren würde, auch die Prozesskosten persönlich tragen muss und nicht dem Nachlass entnehmen darf. Sind mehrere Testamentsvollstrecker gleichzeitig berufen und im Amt tätig, ist jeder einzelne zur Erteilung der Informationen verpflichtet.

a) Gläubiger des Informationsanspruches

Anspruchsberechtigt für den Erhalt der Informationen gegenüber dem Testamentsvollstrecker ist auch der **Vorerbe**, der Nacherbe dann, sobald der Nacherbfall eintritt. Da ein Erbteil übertragen oder gepfändet werden kann, kann auch ein **Pfändungspfandgläubiger** (§ 859 Abs. 2 ZPO) und ein Erbschaftserwerber den Informationsanspruch geltend machen.

Der Informationsanspruch steht auch dem Nachfolger des Testamentsvollstreckers (z. B. Ersatztestamentsvollstrecker) zu, damit dieser sich über die bisherigen Handlungen und verwaltende Nachlassmasse ins Bild setzen kann.

Checkliste „Informationsberechtigte gegenüber Testamentsvollstrecker"

Informationsansprüche haben:

- Der Alleinerbe, Miterben, Vorerben
- Der Nacherbe, sobald der Nacherbfall eintritt
- Pfändungspfandgläubiger hinsichtlich des Erbteils, § 859 Abs. 2 ZPO
- Erbschaftserwerber
- Nachfolger des Testamentsvollstreckers
- Nießbraucher hinsichtlich des Nachlasses.

An so gut wie jedem Erbfall sind **Pflichtteilsberechtigte** und/oder **Vermächtnisnehmer** beteiligt. Unterliegt der Nachlass einer Testamentsvollstreckung sind Pflichtteilsberechtigte bzw. Vermächtnisnehmer und auch Auflagenbegünstigte nicht berechtigt, Informationsansprüche gegen den Testamentsvollstrecker anzumelden.

Einem **Vermächtnisnehmer** können Information- und Auskunftsansprüche jedoch stillschweigend mit vermacht sein. Dies ist z. B. anerkannt wenn der Gegenstand und/oder Umfang des Vermächtnisses nur nach entsprechenden Informationen bestimmt werden kann. Dies ist etwa der Fall, wenn ein bestimmter Prozentanteil am Bargeld vermacht ist. In diesen Fällen muss der Testamentsvollstrecker gegenüber dem Vermächtnisnehmer Auskunft über das Gesamtvermögen, aus dem der Prozentanteil berechnet wird, geben.

Dasselbe gilt bei einem Vermächtnis über einen Sachinbegriff mit wechselndem Bestand (z. B. einem Warenlager). Nur auf Grund der Auskunft wird der Vermächtnisnehmer in die Lage versetzt, sein Vermächtnis berechnen, bezeichnen oder konkretisieren zu können.

Neben den Anhörungsrechten der Erben stehen ihnen weitere Informationsansprüche zu. Dies können Benachrichtigungs-, Aufklärungs- oder Warnpflichten sein, denen der Testamentsvollstrecker unterworfen ist. Eine **Benachrichtigungspflicht** hat der Testamentsvollstrecker immer unaufgefordert zu erfüllen, also aus Eigeninitiative heraus. Die Anhörungspflichten bestehen dagegen nur bei besonderen Umständen des Einzelfalles. Maßstab für den Testamentsvollstrecker ist, ob die jeweils objektive wirtschaftliche oder sonstige Situation des Nachlasses und der auf diesen bezogene Geschäfte für einen umsichtigen und gewissenhaften Testamentsvollstrecker die Information des Erben gebietet, damit der Erbe seine Rechte wahrnehmen und/oder sachgerechte eigene Entscheidungen treffen kann. Zu einer **vorherigen Anhörung des Erben** ist der Testamentsvollstrecker nur nach Lage des Einzelfalles verpflichtet.

b) Umfang der Informationspflicht

Weil die Informationspflicht des Testamentsvollstreckers umso größer ist, je stärker die Bindung des Beauftragten an die Weisungen des Auftraggebers ist, folgt aus der weisungsfreien und recht unabhängigen Stellung des Testamentsvollstreckers eine inhaltlich nur abgeschwächte allgemeine Informationspflicht. Dennoch muss der Testamentsvollstrecker dem Erben alle ihm bis dahin unbekannten Informationen geben, damit der Erbe über alle Maßnahmen, die der Testamentsvollstrecker durchführt, zeitnah unterrichtet ist. Hintergrund ist, dass der Erbe durch die **Gesamtübersicht** über das Verwaltungshandeln des Testamentsvollstreckers in der Lage ist, zu prüfen, ob der Vollstrecker sein Amt ordnungsgemäß ausübt. Vor allem über wichtige Einzelfragen oder bedeutende Entscheidungen, die über die „gewöhnliche" Testamentsvollstreckung hinausreichen, muss er schon im Vorfeld den Erben informieren.

Praxishinweis:

Der Testamentsvollstrecker sollte auf eine **offene und kooperative Information den Erben** gegenüber bedacht sein. So kann der Erbe in seinen Entscheidungsprozess frühzeitig eingebunden werden. Die Information sollte kontinuierlich und unaufgefordert dem Erben gegenüber erfolgen. So können frühzeitig Konflikte vermieden und eine effektive Nachlassabwicklung erreicht werden. Über lediglich vorbereitende Verwaltungsmaßnahmen muss der Testamentsvollstrecker den Erben grundsätzlich nicht unterrichten. Die Intensität dieser Pflicht steigert sich jeweils dann, wenn über die gewöhnliche Amtsführung hinaus objektiv die Gefährdung der Erbeninteressen durch das Verwaltungshandeln des Testamentsvollstreckers möglich erscheint.

Der Testamentsvollstrecker hat nicht nur die Möglichkeit, sondern gar die Pflicht, die Erben dann über seine Verwaltungsmaßnahmen zu unterrichten, wenn sein Handeln die Erbeninteressen berührt. Besonders wichtig ist diese Informationspflicht, sobald der Testamentsvollstrecker mit Nachlassmitteln **spekulative Geschäfte**, z. B. Geldanlagen, vornimmt. Da diese recht schnell zum Nachteil des Nachlasses – und damit zum Nachteil der Erben – umschlagen können, müssen die Miterben hierüber zunächst benachrichtigt werden, um ggf. dieses Verwaltungshandeln unterbinden zu können. Dasselbe gilt, wenn der Erblasser Anordnungen in seiner letztwilligen Verfügung getroffen hat, von denen der Testamentsvollstrecker abweichen möchte. In diesen Fällen verlässt er die „Richtschnur", welche der Erblasser vorgegeben hat. Auch hier müssen die Erben rechtzeitig informiert sein, um ihre Mitspracherechte anmelden zu können.

Ist der Testamentsvollstrecker selbst **Miterbe** und beabsichtigt, Rechtsgeschäfte, die den Nachlass betreffen, mit sich selbst in seiner Eigenschaft als Testamentsvollstrecker abzuschließen, müssen dies die anderen Erben zuvor erfahren. Andernfalls könnte der Testamentsvollstrecker seine herausgehobene Stellung zu seinem Vorteil ausnutzen. In all diesen, für den Nachlass oder einzelne Erben möglicherweise nachteiligen Verwaltungsmaßnahmen, erstarkt der zunächst nur freiwillige Informationsfluss des Testamentsvollstreckers gegenüber den Erben zur Informationspflicht.

Checkliste „Informationspflicht des Testamentsvollstreckers"

Informationspflicht des Testamentsvollstreckers gegenüber den Erben bestehen:
- falls die beabsichtigte Maßnahme nur für einzelne Erben vorteilhaft ist,
- bei Insichgeschäften des Testamentsvollstreckers,
- bei risikoreichen Geschäften, z. B. spekulative Geldanlagen, sowie
- bei beabsichtigten wesentlichen Abweichungen der Verwaltungstätigkeit.

Eine ausdrücklich vom Gesetz vorgesehene Anhörungspflicht, welcher ein Anhörungsanspruch gegenüber steht, besteht zu Gunsten des Erben bei der **Aufstellung des Auseinandersetzungsplanes** zur Vorbereitung der Erbauseinandersetzung (§ 2204 Abs. 2 BGB).

c) Inhalt der Informationspflicht

Eine allgemein gültige Aussage über den Inhalt der Informationsansprüche des Erben gegen den Testamentsvollstrecker ist nur schwer zu treffen. Leitlinie der Benachrichtigungspflichten ist die **Treuepflicht**, die dem Auftragsrecht entspringt (§§ 2218 Abs. 1, 666 BGB). Je nach entsprechender Situation können hier Aufklärungs-, Warn- oder Beratungspflichten des Testamentsvollstreckers gegenüber den Erben entstehen. Dabei kann die Benachrichtigungspflicht auch Beziehungen des Nachlasses zu Dritten umfassen, z. B. Geschäftsbeziehungen, die auf den Nachfluss einwirken.

Ist der Testamentsvollstrecker besonderen berufsspezifischen Pflichten unterworfen, z. B. als Rechtsanwalt oder Steuerberater, obliegen ihm besondere Benachrichtigungspflichten, die weiter reichen als diejenigen, die jeden anderen Testamentsvollstrecker treffen. Der als Testamentsvollstrecker eingesetzte **Rechtsanwalt** muss daher den Erben auf mögliche, gegen ihn selbst gerichtete Schadensersatzansprüche von sich aus hinweisen. Auch den **Steuerberater** trifft diese Hinweispflicht, wenn er seinen Mandanten wegen eines Irrtums über seine vorrangige Belehrungspflicht nicht auf die drohende Verjährung einer gegen ihn selbst gerichtete Schadenersatzforderung hinweist. Nach Mandatsende trifft den Steuerberater jedoch keine Prüfungs- und Hinweispflicht mehr auf einen möglichen, gegen ihn bestehenden Regressanspruch und dessen Verjährung. Einen **Architekten** treffen ebenfalls gesteigerte Hinweis- und Benachrichtigungspflichten. Er muss vor allem einen Bauherren über Gewährleistungsansprüche umfassend beraten und informieren, selbst dann, wenn sich diese Ansprüche gegen ihn selbst richten können, weil er z. B. einen Planungsfehler verursacht hat.

Praxishinweis:

Aus Gründen der Beweissicherung empfiehlt sich, die Benachrichtigung der Erben immer in **Schriftform** vorzunehmen.

2. Folgen fehlerhafter Anhörungen durch den Testamentsvollstrecker

Einen **einklagbaren** Anspruch auf Informationserteilung hat der Erbe nicht. Ist eine Anhörungs- oder Benachrichtigungspflicht vom Testamentsvollstrecker verletzt worden, kann dies allerdings einen Schadenersatzanspruch gegen ihn gem. § 2219 BGB begründen.

II. Rechenschaftslegungsansprüche

Einen „stärkeren“ Anspruch als einen reinen Informationsanspruch hat der Erbe gegenüber dem Testamentsvollstrecker hinsichtlich zu erteilender **Auskunft** und auch auf **Rechnungslegung**.

1. Auskunftsansprüche der Erben

Die Auskunftspflicht setzt voraus, dass der berechtigte Erbe die Auskunft **aktiv verlangt** und geltend macht. Das Auskunftsrecht ist aber nicht grenzenlos. Es geht nur soweit, um dem berechtigten Erben die Informationen, Nachrichten und denjenigen Kenntnisstand zu verschaffen, den er braucht, um seine Rechtsposition und tatsächliche Stellung für die Dauer der Testamentsvollstreckung richtig und vollständig beurteilen zu können.

Praxishinweis:

Auskunft muss der Erbe **ausdrücklich** vom Testamentsvollstrecker verlangen. Sie muss so umfassend erteilt werden, dass der Erbe den aktuellen Sachstand hinsichtlich der Testamentsvollstreckertätigkeit kennt.

Der Erbe kann die Auskunft auf einzelne rechtsgeschäftliche Handlungen des Testamentsvollstreckers beschränken, um sich über den **Stand spezieller Handlungen des Testamentsvollstreckers** zu informieren.

a) Auskunftsklage

Verweigert der Testamentsvollstrecker die Auskunft, steht dem Erben das Klagerecht auf Erteilung der Auskunft über den Stand der Geschäfte zu. Das Recht auf Auskunft, welches zur Not von den Erben im Wege der Klage eingefordert werden kann, stellt ein sehr starkes „Kontrollmittel" gegenüber dem Verwaltungshandeln des Testamentsvollstreckers dar. Wird eine solche Auskunftsklage erhoben, ist nicht selten das Vertrauensverhältnis der Erben zum Testamentsvollstrecker brüchig, wenn nicht gar zerstört. Die Durchführung der weiteren Testamentsvollstreckung unterliegt dann in der Regel erheblichen Schwierigkeiten. Daher sollte der umsichtige Testamentsvollstrecker die Erben immer von sich aus über anstehende Maßnahmen vorab informieren, um nicht einer Auskunftsklage über den Stand seiner Geschäftstätigkeit ausgesetzt zu sein.

Mustertext „Klageantrag des Erben auf Auskunft über den Stand der Geschäfte"

> Der Beklagte (als Testamentsvollstrecker) wird verurteilt, dem Kläger Auskunft darüber zu erteilen, welche Briefmarken er aus der im Nachlass des am...... verstorbenen Herrn...... befindlichen Briefmarkensammlung wann und zu welchem Preis und an wen veräußert hat.

Die Klagemöglichkeiten für die Auskunft auf die Vornahme der einzelnen Geschäfte des Testamentsvollstreckers sind so mannigfaltig, wie die Handlungen des Vollstreckers selbst. Hat er z. B. Eigentumswohnungen verkauft, kann auf entsprechende Auskunft über den Käufer und den erzielten Kaufpreiserlös ebenso geklagt werden, wie bei der Veräußerung beweglicher Gegenstände.

b) Inhalt des Auskunftsanspruchs

Inhalt und Umfang der Auskunftspflicht des Testamentsvollstreckers hängen von dem Auskunftsverlangen des Erben sowie dem Zweck der Auskunftserteilung ab. Der Testamentsvollstrecker darf präzise und genaue einzelne Fragen knapp, jedoch zutreffend beantworten. Wird Auskunft über weitreichende Entscheidung gefordert, z. B. bei prognose- oder planungsrechtlichen Entscheidungen (Geldanlagen, Vermögensumschichtung, usw.) muss der Testamentsvollstrecker dies ausführlich darlegen und begründen, sowie seine Motivation für die Abwägung gerade zu Gunsten der von ihm getroffenen Anlageentscheidung darlegen. Kann der Testamentsvollstrecker die Auskunft nicht geben, weil er nicht über eigenes Wissen verfügt, muss er sich dieses Wissen verschaffen.

Praxishinweis:

Will der Testamentsvollstrecker z. B. ein Grundstück verkaufen und kennt die Marktlage bzw. den Marktpreis nicht, muss er dem Erben ein Sachverständigengutachten vorlegen, um seine Auskunft zu untermauern.

c) Einwendungen des Testamentsvollstreckers

Der Auskunftsanspruch wird durch das allgemeine **Schikaneverbot** sowie dem Grundsatz von **Treu und Glauben** (§ 242 BGB) begrenzt. Die umfassenden Auskunftsansprüche darf der Erbe nicht missbrauchen, z. B. dazu, den Testamentsvollstrecker mit Auskunftsverlangen derart zu überziehen, dass dieser sein Amt letztendlich aufgibt. Hier kommt es immer auf den Einzelfall an. Es kann jedoch durchaus geboten sein, dass der Testamentsvollstrecker eine Auskunftserteilung auch wiederholen muss, z. B. wenn sie unvollständig oder unklar ist.

Ist das Interesse des Erben an der Auskunft von so untergeordneten Bedeutung, dass es in keinem angemessenen Verhältnis zum Aufwand für die Erfüllung dieser Auskunftspflicht auf Seiten des Testamentsvollstreckers steht, begrenzt der **Verhältnismäßigkeitsgrundsatz** ebenfalls den Auskunftsanspruch. Dies ist jeweils im einzelnen Fall abzuwägen.

Praxishinweis:

Dem Testamentsvollstrecker steht kein Recht zu, die **Auskunft zu verweigern**, selbst dann nicht, wenn er durch die Auskunft eine eigene Straftat aufdecken müsste. Auch eine etwa bestehende **Schweigepflicht** des Testamentsvollstreckers aus seiner Stellung als Steuerberater oder Rechtsanwalt, schützt diese Art von Testamentsvollstrecker nicht davor, Auskünfte geben zu müssen. Erst wenn Geheimnisse Dritter hierdurch offenbart werden müssten, kann sich die zur beruflichen Verschwiegenheit verpflichtete Gruppe auf das Schweigerecht berufen.

2. Vorlage eines Bestandsverzeichnisses

Im Gesetz ist der Anspruch auf Auskunftserteilung besonders geregelt, sofern Auskunft über einen Inbegriff von Sachen oder über ein Sondervermögen verlangt wird. Als Sondervermögen gilt auch Nachlass, welcher der Testamentsvollstreckung unterliegt (§ 260 Abs. 1 BGB). Schon bei Amtsantritt muss der Testamentsvollstrecker unaufgefordert den Erben ein Nachlassverzeichnis vorlegen.

Einzelheiten zum Nachlassverzeichnis nach Amtsannahme finden sich im 3. Kapitel III. 2.

a) Vorlagepflicht auf Verlangen des Erben

Während der laufenden Testamentsvollstreckung ist ein **weiteres Bestandsverzeichnis** auf Verlangen der Erben dann vorzulegen, wenn der Testamentsvollstrecker Maßnahmen vornimmt, welche den Nachlass erheblich beeinflussen. Wird der Nachlass umstrukturiert (z. B. Umwandlung einer Gesellschaft bürgerlichen Rechts in eine GmbH, Verkauf von Nachlassimmobilien und Neuerwerb mit den Erlösen von Nachlassgegenständen, usw.) oder sind substanzielle Eingriffe in den Gesamtnachlass erfolgt, muss der Testamentsvollstrecker auf Anforderung der Erben dies in einem weiteren Bestandsverzeichnis aufführen und mitteilen.

Wie das ursprüngliche Nachlassverzeichnis muss auch das Bestandsverzeichnis getrennt die Nachlassaktiva und -passiva, die einzelnen Nachlassgegenstände, usw. beinhalten. Der Testamentsvollstrecker muss darauf achten, so genau als möglich das Bestandsverzeichnis zu erstellen, da dies Grundlage für sein weiteres Verwaltungshandeln ist.

Praxishinweis:

Die seit Erstellung des Nachlassverzeichnisses eingetretenen **Änderungen des Nachlasses** müssen im Bestandsverzeichnis dokumentiert werden. Kann er Angaben zu bestimmten Themen nicht machen, sollte er dies im Verzeichnis auch dokumentieren.

b) Belegvorlagepflicht

Belege müssen für diese Art der Auskunftserteilung (anders als bei der Rechenschaftslegung nach § 259 BGB) dem Bestandsverzeichnis grundsätzlich nicht beigelegt werden. Ein **Beleganspruch** besteht hier nur, wenn

- die bisherigen Auskünfte des Testamentsvollstreckers unvollständig waren oder

- die Belege (z. B. Urteile, Steuerbescheide, Kontoauszüge usw.) für den Erben notwendig sind, um seine Lage korrekt einzuschätzen und danach handeln zu können.

3. Kosten der Auskunft

Grundsätzlich trägt die Kosten der Auskunft derjenige, der zur Auskunft verpflichtet ist. Gesicherte Rechtsprechung zu diesem Bereich fehlt allerdings. Teilweise wird in der Literatur gefordert, dass analog § 2215 Abs. 5 BGB im Verhältnis vom Testamentsvollstrecker zum Erben die Kosten dem **Nachlass** zur Last fallen. Ist in einem Gerichtsprozess der Testamentsvollstrecker hingegen zur Auskunftserteilung verurteilt worden, weil er die Auskunft zu Unrecht verweigerte oder nur zum Teil erbracht hatte, trägt die Gerichts- und Verfahrenskosten der Testamentsvollstrecker. Stehen ihm selbst noch Vergütungs- oder Aufwendungsansprüche gegen den Erben zu, darf er jedoch die Auskunftskosten nicht zurückbehalten, bis seine eigenen Vergütungsansprüche bezahlt sind. Ein **Zurückbehaltungsrecht** steht im nicht zu.

Ist der Testamentsvollstrecker gleichzeitig einer der Miterben, bleibt er ebenfalls auskunftspflichtig und hat entsprechende Prozesskosten aus eigener Tasche zu zahlen, wenn er dazu verurteilt wird.

4. Eidesstattliche Versicherung durch den Testamentsvollstrecker

Wenn Grund zur Annahme besteht, dass der Testamentsvollstrecker das Bestandsverzeichnis **nicht mit der erforderlichen Sorgfalt** aufgestellt hat, kann der Erbe als Auskunftsberechtigter verlangen, dass der Testamentsvollstrecker die Richtigkeit seiner Angaben an Eides statt versichern muss, § 260 Abs. 2 BGB. Diese Pflicht besteht auch für nur einzelne vom Testamentsvollstrecker erteilte Auskünfte. Nur wenn die Angelegenheit „geringe“ Bedeutung hat, ist die Pflicht zur Abgabe der eidesstattlichen Versicherung ausgeschlossen (§ 259 Abs. 3 BGB). Ein Grund zur Annahme, dass das Verzeichnis vom Testamentsvollstrecker nicht mit der notwendigen Sorgfalt errichtet wurde, kann auch darin begründet sein, dass er die **Auskunft mehrfach berichtigen** musste, oder wenn der Auskunftspflichtige mit allen Mitteln versucht hat, die Auskunftserteilung zu **verhindern**.

Gibt der Testamentsvollstrecker eine **falsche eidesstattliche Versicherung** ab, geht er das Risiko ein, sich einem Strafverfahren und der Verurteilung zu einer empfindlichen Strafe auszusetzen.

Praxishinweis:

Haben die Erben berechtigte und belegbare Zweifel daran, dass der Testamentsvollstrecker das Nachlassverzeichnis nicht korrekt erstellt hat, beispielsweise weil Bestandteile des Nachlasses nicht angegeben wurden, sollten sie ihn auf deren Bedenken hinweisen und ihn zugleich auffordern, ihren Bedenken Rechnung zu tragen. Dies kann er zum Beispiel dadurch tun, dass er Auskünfte von (angeblich) Beschenkten einholt und deren Angaben im Nachlassverzeichnis dokumentiert; tut er dies nicht, können die Erben auf Abgabe der eidesstattlichen Versicherung gegen den Testamentsvollstrecker klagen.

5. Anspruch auf Rechnungslegung gegen den Testamentsvollstrecker

Die Ansprüche auf Benachrichtigung, Auskunft und Rechenschaft werden häufig vermischt, enthalten aber graduell unterschiedliche Ausgestaltungen des Informationsflusses. Während die Auskunfts- und Rechenschafts-/Rechnungslegungspflicht zeitlich „nach vorne", also auf ein **künftiges** Verhalten des Testamentsvollstreckers, gerichtet ist, ist die Aufklärungspflicht grundsätzlich retrospektiv, also **rückblickend**. Dort wird über bisher verborgene, jedoch entscheidungserhebliche Umstände der Tätigkeit des Testamentsvollstreckers aufgeklärt.

a) Rechnungslegung auf Verlangen des Erben

Die Pflicht zur Rechnungslegung besteht **nur auf Verlangen** des Erben. Hier sind wesentlich genauere Informationen als bei einer bloßen Auskunft vom Testamentsvollstrecker geschuldet. Er muss also den gesamten Ablauf seiner Geschäftstätigkeit ebenso darstellen, wie die erreichten Ziele und Ergebnisse seiner geschäftlichen Tätigkeit. Dieser Anspruch des Erben kann auch gerichtlich eingeklagt werden. Dabei ist darauf zu achten, dass der **Klageantrag** „vollstreckungsfähig" ist, also für eine sich anschließende Zwangsvollstreckung geeignet ist, wenn die Rechnungslegung nicht erteilt wird. Es reicht daher nicht aus, lediglich „auf Rechnungslegung" zu klagen, weil dann im anschließenden vollstreckungsrechtlichen **Zwangsgeldverfahren** die Frage auftaucht, was genau zur Rechnungslegung gehört. Diese Vorfrage muss bereits mit einem klaren und eindeutigen Klageantrag erledigt werden. Bei mehreren Miterben kann jeder für sich den Anspruch auf Rechnungslegung geltend machen, muss dann aber Leistung an alle Miterben beantragen.

Mustertext „Klageantrag für Anspruch auf Rechnungslegung bei Miterben"

> Der Beklagte (Testamentsvollstrecker) wird verurteilt, dem Kläger sowie folgenden Miterben:...... (Name und genaue Anschrift der Miterben) eine geordnete Zusammenstellung aller Einnahmen und Ausgaben des seiner Verwaltung unterlegenen Nachlasses des am...... verstorbenen...... nebst Belegen für die Zeit vom...... bis...... zu erteilen.
>
> Der Beklagte wird verurteil, an Eides statt zu versichern, die Zusammenstellung nach bestem Wissen so vollständig vorgenommen zu haben, wie er hierzu im Stande war.

Der Anspruch auf Rechnungslegung entsteht grundsätzlich zu dem **Zeitpunkt,** zu dem die Testamentsvollstreckung abgeschlossen ist. Dann kann der Erbe die Rechnungslegung einfordern, § 259 BGB, und zwar – bei einer Abwicklungsvollstreckung – ein Mal. Der Anspruch auf Rechnungslegung zu Gunsten des Erben kann durch Zeitablauf verwirken. Um dem Verwirkungseinwand nicht ausgesetzt zu sein, ist dem Erben zu empfehlen, unmittelbar nach Abschluss der Testamentsvollstreckung die Rechnungslegung anzufordern.

Praxishinweis:

Nach Abschluss der Tätigkeit des Testamentsvollstreckers sollte der Erbe immer die Rechnungslegung anfordern. Nur so kann er prüfen, ob der Testamentsvollstrecker seine Aufgaben richtig und vollständig erfüllt hat.

Bei **länger dauernder Verwaltung** des Nachlasses (also länger als ein Jahr) kann der Erbe eine **jährliche Rechnungslegung** verlangen (§ 2218 Abs. 2 BGB). Dabei kommt es nicht darauf an, ob es sich um eine reine Abwicklungs- oder eine Verwaltungsvollstreckung handelt. Allerdings muss die jährliche Rechnungslegung nicht so umfassend sein, wie die Schlussabrechnung; die jährliche Rechnungslegung ist eine Art Zwischenbilanz. Wenn Nachlassbestände unverändert geblieben sind (z. B. Sammlungen, Warenbestände), müssen diese nicht immer wieder neu aufgeführt werden. Hingegen sind alle jährlichen Einnahmen und Ausgaben genau anzugeben. Zugänge und Abflüsse von Vermögensbestandteilen sind **zeitlich chronologisch** aufzustellen und am besten mit Belegen zu versehen.

b) Inhalt der Rechnungslegung

Bezogen auf das jeweilige Jahresende ist eine geordnete Vermögensübersicht in Form eines **Vermögensstatus** zu erstellen, woraus der Erbe sowohl die Entwicklung als auch das Ergebnis vermögensbezogener Handlungen des Testamentsvollstreckers innerhalb des letzten Rechnungsjahres ersehen kann. Der Testamentsvollstrecker sollte deshalb jede seiner Tätigkeiten dokumentieren und Belege dazu archivieren, um dies dem Erben vorlegen zu können. Je besser der Testamentsvollstrecker seine Handlungen belegen kann, umso schwieriger ist es für den Erben, den Testamentsvollstrecker in eine etwaige Haftung zu nehmen.

Checkliste „Mindesterfordernisse der jährlichen Rechnungslegung"

- Auflistung von Einnahmen und Ausgaben lückenlos mit Angabe des Datums
- Getrennte Einnahmen-/Ausgabenaufstellung für verschiedene Immobilien (z. B. Mieterträge, Nebenkostenabrechnungen, Reparaturaufwendungen, Versicherungen, Steuern und Erschließungskosten)
- Auf eine kaufmännische Buchführung oder Handelsbilanz kann Bezug genommen werden, wenn diese nach handelsrechtlichen Vorschriften erstellt werden. Hier genügt die Verweisung auf den Jahresabschluss (Bilanz, Gewinn-/Verlustrechnung)
- Einnahme-/Überschussrechnung genügt bei nicht buchführungspflichtigen Unternehmen (z. B. bei Freiberuflern).

Da die Erben nicht selten diese jährliche Rechnungslegung für ihre eigene **Einkommensteuererklärung** benötigen, muss der Testamentsvollstrecker – abhängig vom Objekt der von ihm verwalteten Immobilie – eine detaillierte Rechnungslegung jedes Jahr erstellen und aushändigen. Ist eine jährliche Rechnungslegung notwendig auf Grund länger dauernder Verwaltung, empfiehlt es sich, dass der Testamentsvollstrecker mit den Erben einen jährlich wiederkehrenden, genauen Zeitpunkt vereinbart, um seine Rechnungslegung durchzurühren. Beginnt der Testamentsvollstrecker seine Tätigkeit während eines laufenden Kalenderjahres, muss er die jährliche Rechnungslegung bis Anfang Mai des Folgejahres erteilen.

BEISPIEL: Beginn der Testamentsvollstreckung am 3.7.2017. Abrechnungszeitraum: 3.7.2017 bis 31.12.2017. Frist zur Abgabe der Rechnungslegung: Anfang Mai 2011.

Zu beachten ist, dass die Pflicht zur Rechnungslegung **keinen Anspruch der Erben auf Wertermittlung** beinhaltet. Der Testamentsvollstrecker muss also Nachlassgegenstände weder bewerten noch Gutachten für deren Wert einholen, um sie in der Rechnungslegung zu bezeichnen. Sofern der Erbe die Rechenschaftsablegung verlangt, muss der Testamentsvollstrecker eine geordnete Zusammenstellung der Einnahmen und Auslagen nebst Belegen vorlegen, aber nur, soweit solche zu erteilt werden pflegen.

Checkliste „Rechnungslegung des Testamentsvollstreckers"

Die Rechnungslegung des Testamentsvollstreckers muss:

- vollständig sein, also alle maßgeblichen Tatsachen enthalten,
- soweit als möglich richtig sein, ist also mit größtmöglicher Sorgfalt zu erfüllen,
- übersichtlich und verständlich sowie
- nachprüfbar sein.

c) Umfang der Rechnungslegung

In welchem Umfang die Rechenschaftslegung erfolgt, hängt immer vom Einzelfall der Testamentsvollstreckung ab. Auf jeden Fall sind die grundsätzlichen Angaben zum Umfang der Testamentsvollstreckung in die Rechenschaftslegung aufzunehmen. Der Testamentsvollstrecker ist gut beraten, wenn er eher mehr als zu wenige Informationen in die Rechenschaftslegung aufnimmt. Auch ist es immer vorteilhaft, die einzelnen Positionen durch Belege, Quittungen, Unterlagen usw. zu dokumentieren und diese der Rechenschaftslegung beizufügen. Damit wird auch dokumentiert, dass der Testamentsvollstrecker offen mit den Erben umgeht und diese in seine Entscheidungsprozesse sowie die von ihm erzielten Ergebnisse umfassend einbindet.

Checkliste „Umfang der Rechenschaftslegung"

Zu behandelnde Themenbereiche bei der Rechenschaftslegung:

- Nachlassumfang
- Anzahl der einzelnen Nachlasspositionen und -gegenstände
- Darstellung aller Aktiva und Passiva des Nachlasses
- Umfang der Tätigkeit des Testamentsvollstreckers
- Informationsinteresse des Erben.

d) Schlussabrechnung des Testamentsvollstreckers

Die Schlussabrechnung geht weiter als die jährliche Rechnungslegung bei der Verwaltungsvollstreckung. Sie muss alles beinhalten, was eine Beziehung zum Nachlass hat oder haben kann. Der Erbe muss in die Lage versetzt werden, dass er prüfen kann, ob und in welcher Höhe ihm ggf. Schadenersatzansprüche gegen den Testamentsvollstrecker zustehen. Das dazu Erforderliche hängt immer von den Einzelfallumständen ab. Eine „statische" Rechenschaft gibt es daher nicht. Um die Auskunft zu untermauern, muss der Testamentsvollstrecker auch **Belege** beifügen, soweit diese üblicherweise erteilt werden (z. B. Kontoauszüge, Rechnungen für von ihm getätigte Ausgaben).

Praxishinweis:

Sind erforderliche **Belege** verloren gegangen, muss der Testamentsvollstrecker Ersatzbelege beschaffen.

Der Anspruch auf Vorlage der Belege zu Gunsten des Erben geht so weit, dass die Belege in einer übersichtlichen Aufstellung geordnet und verbunden mit dem Angebot, diese notfalls mündlich dem Erben zu erklären, der Rechnungslegung beigelegt werden müssen.

e) Durchsetzung der Rechnungslegung

Wird die Rechenschaft vom Testamentsvollstrecker verlangt, ist ihm eine **angemessene Frist** zu gewähren, um diese Pflicht zu erfüllen. Wann die Frist als „angemessen" angesehen wird, hängt vom jeweiligen Einzelfall ab (z. B. Nachlassumfang, Strukturierung und Zusammensetzung des Nachlasses, Anzahl und Art der vom Testamentsvollstrecker durchgeführten Rechtsgeschäfte und sonstigen Tätigkeiten).

Ist die Rechenschaftslegung unvollständig, steht dem Erben ein Anspruch auf **Ergänzung** zu. Einen Anspruch auf Überprüfung der Rechnung durch einen **Sachverständigen** hat der Erbe hingegen nicht. Sind mehrere Miterben vorhanden, kann jeder von ihnen unabhängig von den anderen Miterben den Rechnungslegungsanspruch in der Weise geltend machen, dass die Auskunft an alle Miterben verlangt wird (§ 2039 BGB).

Verstirbt der Testamentsvollstrecker, sind dessen Erben verpflichtet, die Miterben, deren Nachlass verwaltet wurde, unverzüglich über den Tod des Testamentsvollstreckers zu informieren. Unaufschiebbare Maßnahmen müssen die Erben des Testamentsvollstreckers so lange selbst wahrnehmen, bis der neue Testamentsvollstrecker (oder der Erbe) selbst handeln darf. Damit sich der Erbe des Testamentsvollstreckers nicht derselben, weitreichenden Haftung wie der verstorbene Testamentsvollstrecker aussetzt, darf sich der Testamentsvollstreckererbe in die bisherige Tätigkeit des Testamentsvollstreckers einarbeiten. Für seine eigene Rechenschaftspflicht wird ein weniger strenger Sorgfaltsmaßstab angelegt, als für den eigentlichen Testamentsvollstrecker.

Ist der Testamentsvollstrecker zugleich **Miterbe,** bleibt er ebenfalls zu Rechenschaftsablegung verpflichtet. Soll die Rechenschaftslegung dem Testamentsvollstrecker erlassen werden, können nur alle Erben gemeinsam den **Verzicht** auf die Rechenschaftsablegung aussprechen.

Praxishinweis:

Ist der Testamentsvollstrecker gleichzeitig gesetzlicher Vertreter eines **Minderjährigen**, bedarf es keiner Pflegschaft zur Wahrung der Rechte des Minderjährigen bei der Rechnungslegung.

Die Pflicht, Rechenschaft abzulegen, besteht auch seitens des **Nachfolgers** des Testamentsvollstreckers, also z. B. des Ersatztestamentsvollstreckers. Weil der Auskunftsanspruch in seiner Stärke hinter der Rechenschaftspflicht zurück bleibt, besteht nach der Ablegung der Rechenschaft kein Anspruch auf Auskunftserteilung mehr wegen desselben Sachverhaltes.

6. Anspruch des Testamentsvollstreckers auf Entlastung

Nicht selten entsteht Streit darüber, ob die vom Testamentsvollstrecker erteilte Abrechnung richtig und/oder vollständig ist. Einen **Entlastungsanspruch** hat der Testamentsvollstrecker nicht, weil eine entsprechende gesetzliche Bestimmung fehlt. Wird von den Erben die Richtigkeit der Abrechnung angezweifelt, müssen diese den Testamentsvollstrecker vor dem Prozessgericht verklagen.

Es steht den Erben selbstverständlich frei, aus freien Stücken den Testamentsvollstrecker zu entlasten. Wird dies auf Wunsch des Testamentsvollstreckers verweigert, kann auch der Testamentsvollstrecker eine **Feststellungsklage** gegen die Erben erheben. Das Klageziel ist darauf gerichtet, dass keine weiteren Ansprüche der Erben mehr bestehen, da die Vollstreckung beendet ist und ordnungsgemäß durchgeführt war.

III. Herausgabeansprüche der Erben

Den Erben stehen sowohl während der laufenden Testamentsvollstreckung als auch nach deren Abschluss **Herausgabeansprüche** gegen den Testamentsvollstrecker zu. Nicht selten können sich die Erben mit einer Testamentsvollstreckung nicht anfreunden und verlangen schon während der angeordneten Testamentsvollstreckung Nachlassgegenstände heraus.

1. Zur Testamentsvollstreckung nicht benötigte Gegenstände

a) Freigabeanspruch des Erben

Der Testamentsvollstrecker muss Nachlassgegenstände, die er zur Erfüllung seiner Aufgaben offenbar nicht benötigt, den Erben auf deren Verlangen **zur freien Verfügung überlassen** (§ 2217 Abs. 1 S. 1 BGB). In der Regel möchten die mit der Testamentsvollstreckung belasteten Erben so viele Nachlassgegenstände zur freien Verfügung erhalten, als möglich. Der Testamentsvollstrecker darf sich auf ein solches Verlangen nicht schon deshalb einlassen, weil er nach § 2217 Abs. 1 BGB verpflichtet ist, die einzelnen Gegenstände herauszugeben, soweit sie zur Erfüllung seiner Obliegenheiten offenbar nicht notwendig sind. Er läuft Gefahr, gerade diejenigen Nachlassgenstände herauszugeben, die er zur Erfüllung seiner Pflichten braucht. Selbst wenn alle Miterben ihn übereinstimmend anweisen, Nachlassgegenstände freizugeben, darf er dem nicht bedenkenlos nachkommen.

b) Zeitpunkt der Freigabe

Problematisch ist die Freigabe des Nachlassgegenstandes durch den Testamentsvollstrecker **während der laufenden Verwaltung**, sofern und sobald sich im Nachhinein zeigt, dass er entgegen der ursprünglichen Ansicht den freigegebenen Gegenstand dennoch zur Erfüllung seiner Obliegenheiten benötigt. Deshalb sollte sich der Testamentsvollstrecker von allen Erben gegenzeichnen lassen, dass der Empfänger des freigegebenen Gegenstandes bereit ist, bei Auftreten einer solchen Möglichkeit den Gegenstand unverzüglich wieder zurückzugeben. Andernfalls hätte der Testamentsvollstrecker gegen seine Pflicht zur ordnungsgemäßen Nachlassverwaltung (hierzu gehört auch die Freigabe von Nachlassgegenständen nach § 2217 Abs. 1 BGB) verstoßen. Dies kann zu einer nicht unerheblichen Haftung zu seinen Lasten führen.

Die Überlassungspflicht des Testamentsvollstreckers besteht jedoch nur dann, wenn er zur Erfüllung seiner Aufgaben des Nachlassgegenstands „**offenbar**" nicht mehr bedarf. Ob und zu welchem Zeitpunkt dies der Fall ist, ist im jeweiligen Einzelfall zu prüfen. Da der Testamentsvollstrecker vorrangig die **Nachlassverbindlichkeiten** befriedigen muss, sollte er im Zweifel die Freigabe nicht vornehmen. Dasselbe gilt für die vom Testamentsvollstrecker zu entrichtende **Erbschaftsteuer**, so dass der Erbe die Überlassung nicht verlangen kann, soweit nicht feststeht, dass ein Teil des Nachlasses zur Steuerzahlung nicht benötigt wird. Drängt der Erbe dennoch auch Überlassung eines entsprechenden Nachlassgegenstandes, kann der Testamentsvollstrecker von diesem eine Sicherheit für die eventuelle

Nachlassverbindlichkeit verlangen und erst im Anschluss daran den Gegenstand freigeben.

Praxishinweis:

Um dem zu entgehen, kann der Erbe gem. § 2217 Abs. 2 BGB eine **Sicherheit** stellen und dies dem Testamentsvollstrecker nachweisen.

Hatte der Testamentsvollstrecker **irrtümlich die Freigabe** vorgenommen, kann er die Wiedereinräumung seiner Verfügungsgewalt gegen den Empfänger des Nachlassgegenstandes vor dem Prozessgericht (nicht Nachlassgericht) einklagen.

c) Grundbuchberichtigung nach Freigabe

In fast jedem Nachlass befinden sich Grundstücke, Immobilien oder sonstiges unbewegliches Vermögen. Wird nach § 2217 Abs. 1 BGB eine Immobilie aus der Vollstreckung freigegeben, muss das **Grundbuch** geändert werden. Der Testamentsvollstreckervermerk bleibt zunächst trotz Freigabe eingetragen. Die Löschung des Testamentsvollstreckervermerks im Grundbuch kann nur durch einen neuen Erbschein, auf dem kein Testamentsvollstreckervermerk mehr aufgeführt ist, erfolgen; dieser ist dann dem Grundbuchamt zur Umschreibung vorzulegen.

Praxishinweis:

Wird eine Immobilie gem. § 2217 Abs. 1 BGB vom Testamentsvollstrecker aus der laufenden Verwaltung an die Erben freigegeben, müssen diese einen neuen **Erbschein** beantragen, auf dem kein Testamentsvollstreckervermerk für dieses Grundstück ausgewiesen ist. Der neue Erbschein ist dem Grundbuchamt zur Berichtigung vorzulegen.

2. Nachlassherausgabe nach der Beendigung des Amtes

a) Umfang der Herausgabe

Nach der Beendigung seines Amtes muss der Testamentsvollstrecker den **Nachlass herausgeben** (§§ 2218, 667 BGB).

Bei der Verteilung von Bankguthaben an einen Miterben, der unter **Betreuung** steht, ist allerdings eine Besonderheit zu beachten: Ist ein Konto eines Betreuten mit einem **Sperrvermerk** versehen, sind Verfügungen über das Kontoguthaben seitens des Testamentsvollstreckers nur mit Genehmigung des Betreuungsgerichts möglich. Das gilt z. B. immer dann, wenn der Betreuer den Testamentsvollstrecker bevollmächtigt hat, über dieses Kontoguthaben zu verfügen, denn der Sperrvermerk auf dem Konto gilt immer auch zu Lasten des Testamentsvollstreckers.

Herausgeben muss er auch die **Erträge** des Nachlasses und die sog. **Surrogate.** Das sind Gegenstände, die durch Umschichten einzelner Nachlassgegenstände in andere während seiner Tätigkeit dem Nachlass einverleibt wurden, z. B. ist bei einem Verkauf eines Pkw der Kaufpreis das Surrogat, das statt des Pkws dem Nachlass zufließt. Sofern er Nachlassgelder für sich persönlich verbraucht hat, muss er diese ersetzen und ab Verbrauch mit 4 % p.a. verzinsen (§§ 668, 2218 Abs. 1 BGB). Außerdem muss er das **Bestandsverzeichnis** den Erben vorlegen, dessen Vollständigkeit er ggf. eidesstattlich versichern muss. Zur Erfüllung seiner Herausgabepflicht ist **Erfüllungsort** der Wohnsitz des Testamentsvollstreckers. Die Erben müssen die Nachlassgegenstände also auf deren Kosten beim Testamentsvollstrecker abholen. Ist der Anspruch auf Vergütung des Testamentsvollstreckers sowie sein Anspruch auf Auslagenersatz noch nicht bezahlt, hat er ein **Zurückbehaltungsrecht** an den herauszugebenden Nachlassgegenständen.

Neben dem verwalteten Vermögen muss er auch die dazugehörenden **Unterlagen** (z. B. Mietverträge, Kontoauszüge, Sparbücher, Versicherungspolicen, Depotscheine) an die Erben herausgeben. Hat der Testamentsvollstrecker Akten angelegt, die er zur Verwaltung des Nachlasses braucht und dort Unterlagen gesammelt (z. B. Rechnungen, Unterlagen der Amtsführung), muss er diese ebenfalls herausgeben. Sind Miterben vorhanden, die den Herausgabeanspruch geltend machen, muss die Herausgabe an alle Miterben erfolgen.

Praxishinweis:

Miterben sollten einen von ihnen bevollmächtigen, den Nachlass als **Stellvertreter** für alle in Empfang zu nehmen.

b) Steuerliche Aufbewahrungspflichten

Regelmäßig obliegt es dem Testamentsvollstrecker auch, die **Erbschaftsteuererklärungen** zu fertigen. Diejenigen Unterlagen, die er hierzu benötigt, muss er laut § 147 Abs. 1 Nr. 5 Abgabenordnung zwischen 6 und 10 Jahre noch selbst aufbewahren. Sind dem Testamentsvollstrecker die steuerrechtlichen Aufbewahrungsfristen nicht bekannt, kann er diese direkt beim Erbschaftssteuerfinanzamt oder einem Sachkundigen, z. B. Fachanwalt für Erbrecht oder Steuerberater, nachfragen. Da er in der Regel die Originalunterlagen zu verwahren hat, sollte er den Erben zunächst nur Kopien an die Hand geben.

Praxishinweis:

Wegen der **steuerlichen Aufbewahrungspflichten** sollte der Testamentsvollstrecker die für die Steuererklärung notwendigen Unterlagen zunächst nur als Kopie den Erben aushändigen und ihnen mitteilen, dass nach Ablauf der Aufbewahrungsfristen ihnen die Originale zugeleitet werden.

IV. Zusammenfassung „Rechte des Erben gegen den Testamentsvollstrecker"

Der Testamentsvollstrecker kann nicht „frei" oder nach eigenem Gutdünken die Nachlassabwicklung durchführen. Er ist immer den Informations- und Auskunftsansprüchen der Erben während seiner Verwaltungstätigkeit ausgesetzt. Letztlich unterliegt seine Amtstätigkeit der laufenden Überwachung und auch Kontrolle durch die Erben. Das Gesetz stellt dazu abgestufte, jedoch auch umfangreiche **Informations- und Auskunftsrechte** den Erben zur Seite. Die Ansprüche bestehen sowohl während als auch nach Ende der Amtsführung durch den Testamentsvollstrecker. Deshalb sollte der Testamentsvollstrecker von sich aus die Erben eher zu viel als zu wenig jederzeit informieren.

Checkliste „Rechte der Erben gegen den Testamentsvollstrecker"

Während der Amtsführung:

- Auf ordnungsgemäße Verwaltung des Nachlasses (§ 2216 BGB)
- Anspruch, eine mangelhafte Amtsführung zu unterlassen
- Anspruch, Schenkungen zu unterlassen (§ 2205 S. 3 BGB)
- Übersendung eines Nachlassverzeichnisses (§ 2215 BGB)
- Allgemeine Informationsrechte (§ 2218 Abs. 2, 666 Alt. I BGB)
- Auf Verlangen: Recht auf Auskunft (§ 2218 Abs. 1, 666 Alt. 2 BGB)
- Herausgabe einzelner Nachlassgegenstände, die zur Amtsführung offenbar nicht benötigt werden (§ 2217 BGB)
- Bei Dauerverwaltung: jährliche Rechnungslegung (§ 2218 Abs. 2 BGB)
- Anspruch auf rechtliches Gehör zum Teilungsplan (§ 2204 Abs. 2 BGB)
- Anspruch auf Auseinandersetzung des Nachlasses (§ 2204 Abs. 1 BGB)
- Schadensersatzanspruch (§ 2219 BGB)

Nach Amtsbeendigung:

- Anspruch auf Rechenschaftslegung
- Herausgabe des gesamten Nachlasses nebst Unterlagen
- Herausgabe der Handakten.

V. Schadenersatzansprüche

1. Voraussetzungen der Haftung des Testamentsvollstreckers

Testamentsvollstreckung ist ein haftungsträchtiges Amt. § 2219 Abs. 1 BGB sieht vor, dass der Testamentsvollstrecker für jegliche **Pflichtverletzung** seiner Amtsführung auf den dadurch entstandenen Schaden dem Erben gegenüber haftet, sofern ihm ein Verschulden zur Last fällt. Sobald der Testamentsvollstrecker das Amt gegenüber dem Nachlassgericht annimmt, beginnt es bereits (§ 2202 BGB). Ab diesem Zeitpunkt ist der Testamentsvollstrecker der **Haftungsgefahr** ausgesetzt. Zwischen dem Erben und dem Testamentsvollstrecker besteht ein gesetzliches Schuldverhältnis, welches den Testamentsvollstrecker zu einer gewissenhaften und sorgfältigen Ausführung seiner ihm übertragenen Aufgaben verpflichtet.

Da zwischen dem Testamentsvollstrecker und dem Erben – und auch einem Vermächtnisnehmer – kein Vertrag besteht, ist die Haftungsgrundlage für den Testamentsvollstrecker gesetzlich geregelt, nämlich in § 2219 Abs. 1 BGB. Sehen berufsrechtliche Vorschriften andere Haftungsmaßstäbe vor, z. B. bei Steuerberatern oder Rechtsanwälten, sind diese Sondervorschriften nicht anwendbar; es gilt allein die **Haftungsgrundlage** des § 2219 Abs. 1 BGB. Einzelheiten zu den Haftungsgrundlagen finden sich im 3. Kapitel VII.

Tatbestandsvoraussetzung für die Haftung ist die Verletzung einer dem Testamentsvollstrecker obliegenden Pflicht. Diese muss er schuldhaft verletzt haben und aus der schuldhaften Pflichtverletzung muss ein Schaden entstehen. Weil der Haftungsumfang gesetzlich unbegrenzt ist, kann ein Schadenersatzanspruch für den Testamentsvollstrecker weit reichende Folgen haben.

Praxishinweis:

Ist eine **juristische** Person zum Testamentsvollstrecker bestellt, haftet diese für die Fehler ihrer Organe und verfassungsmäßig berufenen Vertreter (z. B. Vorstand) nach § 31 BGB.

2. Gläubiger des Schadenersatzanspruches

Laut § 2219 Abs. 1 BGB haftet der Testamentsvollstrecker gegenüber dem Erben auf Schadenersatz. Ein **Nacherbe** wird erst mit Eintritt des Nacherbfalles zum Erben. Gegenüber dem **Vorerben** hat er lediglich Auskunftsrechte gem. § 2127 BGB. Dennoch muss der Testamentsvollstrecker auch während der Zeit, in welcher er die Vorerbschaft verwaltet, die Interessen des **Nacherben** bereits berücksichtigen. Unterlässt er dies, kann nach Eintritt des Nacherbfalls auch aus einer solchen Pflichtverletzung ein Schadenersatzanspruch des Nacherben gegen den Testamentsvollstrecker entstehen.

Bei der Verwaltung eines Nachlasses, welcher der Vor- und Nacherbfolge unterliegt, darf der Testamentsvollstrecker bei Berücksichtigung des zwischen Vor- und Nacherben bestehenden Interessengegensatzes weder die dem Vorerben zustehenden Nutzungen schmälern, noch die Nachlasssubstanz zum Nachteil des Nacherben mindern oder gefährden.

Hat der Testamentsvollstrecker die Aufgabe, die Rechte eines **Nacherben** nach § 2222 BGB wahrzunehmen, muss er auch die Kontroll- und Aufsichtsrechte des Nacherben gegenüber dem Vorerben wahrnehmen. Andernfalls haftet er ebenfalls auf Schadenersatz wegen schuldhafter Unterlassung dieser Pflichten. Betrifft der Schaden den gesamten Nachlass, steht der Haftungsanspruch bei mehreren Miterben diesen als Gesamtgläubiger zu.

Der Testamentsvollstrecker haftet **gegenüber Dritten** (Pflichtteilsberechtigten, Auflagenbegünstigten, usw.) aus § 2219 BGB grundsätzlich nicht. In jüngster Zeit hat die Rechtsprechung allerdings eine neue Tendenz eingeschlagen: Die **Schutzwirkung** der Testamentsvollstreckung über den Nachlass kann sich auch auf andere Beteiligte, außer dem Erben oder Vermächtnisnehmer, erstrecken. Es zeichnet sich die Tendenz in der Rechtsprechung derzeit ab, auch Dritte (z. B. Pflichtteilsberechtigte) in den Schutzbereich des § 2219 BGB einzubeziehen und ihnen diesen Haftungsanspruch zuzusprechen.

Praxishinweis:

Der Testamentsvollstrecker sollte seine Verwaltungstätigkeit so gewissenhaft ausüben, als er dazu in der Lage ist. Tut er dies, kann ihm kein Verschuldensvorwurf gemacht und damit keine Haftung angelastet werden.

3. Pflichtverletzungen des Testamentsvollstreckers

a) Erblasserwille bestimmt Umfang der Pflichten

Zentrale Haftungsgrundlage aus § 2219 Abs. 1 BGB ist eine **objektive Pflichtverletzung** durch den Testamentsvollstrecker. Die ihm obliegenden Pflichten, die er bei seiner Amtstätigkeit zu beachten hat, ergeben sich vorrangig aus dem **Willen des Erblassers**. Dieser findet sich in der Regel in der letztwilligen Verfügung (Testament, Erbvertrag) des Verstorbenen. Ist dem Testamentsvollstrecker der Wille des Erblassers aus anderen Quellen bekannt (z. B. aus einem Briefwechsel), muss er diesen ebenfalls beachten. Stützt sich der Testamentsvollstrecker bei seinen Tätigkeiten auf einen Erblasserwillen, der sich nicht aus einer letztwilligen Verfügung ergibt, trägt er dafür im Streitfall die **Beweislast**.

Im Übrigen ergeben sich der Handlungsauftrag und damit die vom Testamentsvollstrecker zu beachtenden Pflichten aus § 2216 Abs. 1 BGB. Dort ist geregelt, dass der Testamentsvollstrecker zur **ordnungsmäßigen Verwaltung** des Nachlasses verpflichtet ist. Ihm obliegen besondere Gewissenhaftigkeit und Sorgfalt bei der Amtstätigkeit. Dazu hat er das ihm anvertraute Nachlassvermögen zu sichern, zu erhalten und zu verwalten. Verluste muss er verhindern, Nutzungen (z. B. Miet- oder Zinseinnahmen) ziehen. Drohende Gefahren oder Verluste zu Lasten des Nachlasses muss er durch rechtzeitige **Kontrollmaßnahmen** versuchen zu ermitteln.

Dem gegenüber steht das Recht des Testamentsvollstreckers, eigenverantwortlich und weitgehend nach eigenem Ermessen die Verwaltung des Nachlasses vorzunehmen. Überschreitet er diese Grenzen des Ermessens, handelt er pflichtwidrig, vor allem wenn er **unentgeltliche Verfügungen** (**Schenkungen**) aus dem Nachlass vornimmt.

Die konkreten Handlungspflichten ergeben sich zunächst immer aus den **Aufgaben**, welche der Erblasser dem Testamentsvollstrecker in seiner letztwilligen Verfügung übertragen hat. Diese muss er notfalls auch gegen den Willen der Erben durchsetzen.

Praxishinweis:

Um sein Haftungsrisiko zu minimieren, sollte sich der Testamentsvollstrecker bei bedeutsamen oder auch Risiko behafteten Verwaltungsmaßnahmen vorab das **Einverständnis** der betroffenen Erben oder Vermächtnisnehmer schriftlich einholen.

Um den Erblasserwillen zu ermitteln, ist es oft notwendig, das Testament **auszulegen**. Das ist vor allem der Fall, wenn es unklar formuliert und somit mehrere Deutungsmöglichkeiten zulässt. Damit der Testamentsvollstrecker weiß, nach welcher Richtschnur er bei seiner Vermögensverwaltung und Tätigkeit verfahren muss, kann er das Testament bis zu einem gewissen Grad selbst auslegen. Er muss jedoch zu einer zumindest vertretbaren Auslegung gelangen, die noch vom Erblasserwillen gedeckt sein kann. Dies stellt den „Rahmen" dar, welche die Rechtsprechung dem Testamentsvollstrecker zur eigenen Auslegungsbefugnis gewährt. Da die eigene Auslegung letztwilliger Verfügungen durch den Testamentsvollstrecker für ihn ein hohes Haftungsrisiko bietet, sollte der Testamentsvollstrecker die Auslegung selbst nicht vornehmen.

Praxishinweis:

Ist die Auslegung des Testamentes unklar, kann der Testamentsvollstrecker eine **Feststellungsklage** erheben, die darauf gerichtet ist, dass die Auslegung vom Gericht vorgenommen wird. Dadurch vermeidet er, dass er wegen fehlerhafter Testamentsauslegung – und dadurch bedingte fehlerhafte Verwaltungstätigkeit – in die Haftung gerät.

b) Typische Pflichtverstöße des Testamentsvollstreckers

Bei der Abwicklungs- und Verwaltungstestamentsvollstreckung ist die Anlage von Geldern, die zum Nachlass gehören, der Umgang mit Grundstücken des Nachlasses, die Handhabung von Mietobjekten, usw., also der Umgang mit Vermögenswerten, der Hauptschwerpunkt der Tätigkeit des Testamentsvollstreckers. Entsprechend obliegen ihm im Rahmen ordnungsgemäßer Verwaltung des Nachlasses hier besondere Pflichten. Diese sind jeweils auf den Einzelfall bezogen zu ermitteln und hängen – neben dem Erblasserwillen – auch von Art und Umfang des Nachlasses ab.

In der Rechtsprechung sind verschiedene **Pflichtverstöße** als Schadenersatz begründend zu Lasten des Testamentsvollstreckers anerkannt worden:

- Keinerlei Tätigkeit des Testamentsvollstreckers
- Fehlerhafte Geldanlage, z. B. nichtverzinsliche Geldanlage über längeren Zeitraum
- Fehlerhafte Erstellung der Erbschaftsteuererklärung
- Erfüllung von erkennbar unwirksam angeordneten Vermächtnissen
- Öffentliche Versteigerung statt freihändigem Verkauf von Nachlassgegenständen
- Unterlassen gerechtfertigter Mieterhöhungen
- Nichtdurchführung von Vollstreckungsmaßnahmen
- Erheben haltloser Klagen sowie erkennbar überflüssige Prozessführung
- Einlegen unsinniger Rechtsmittel
- Freihändiger Verkauf eines Grundstücks, ohne zuvor Inserate oder Makler zu beauftragen
- Freihändiger Grundstücksverkauf, ohne zuvor ein Gutachten einzuholen und ohne es den Erben anzubieten
- Nicht genügende Kontrolle von Dritten, welche die Verwaltung übernehmen (z. B. Hausverwalter)
- Mangelhafte Überwachung der GmbH-Geschäftsführung, die zum Nachlass gehört
- Löschung einer Vormerkung im Grundbuch, ohne dass die gesicherte Gegenleistung erbracht ist

- Nichtbeachtung von Verkehrssicherungspflichten (z. B. Räum- und Streupflicht bei Nachlassimmobilien).

So vielfältig wie die Tätigkeit des Testamentsvollstreckers im Einzelfall ist, so vielfältig sind die ihm obliegenden Verwaltungsmaßnahmen bezogen auf den Nachlass im Einzelfall. Besonders schwere Pflichtverletzungen können sogar zum Verlust des Honoraranspruchs des Testamentsvollstreckers führen: Werden wesentliche Bestandteile des Nachlasses vom Testamentsvollstrecker im Nachlassverzeichnis gar nicht angegeben, und das Verzeichnis erst 3 Jahre nach dem Todesfall erstellt, liegen grob fahrlässige Amtspflichtverletzungen vor, die zur **Verwirkung des Vergütungsanspruchs** des Testamentsvollstreckers führen.

Häufig hat der Testamentsvollstrecker ein **Vermächtnis** zu erfüllen, welchem die Erben widersprechen. Dem Testamentsvollstrecker stehen gegen den Erben dann gerichtliche Möglichkeiten zu, damit er sich selbst nach der Gerichtsentscheidung richten kann.

Praxishinweis:

Widerspricht der Erbe einer beabsichtigten Vermächtniserfüllung durch den Testamentsvollstrecker, kann der Vollstrecker gegen den Erben auf Feststellung klagen, dass er zur Vermächtniserfüllung berechtigt ist.

c) Klagemöglichkeiten des Erben bei Pflichtverletzungen

Die angeblichen Pflichtverletzungen des Testamentsvollstreckers während seiner Amtstätigkeit kann der Erbe vor dem **Prozessgericht** prüfen lassen. Das Prozessgericht ist in der Regel das Land- oder Amtsgericht, nicht aber das Nachlassgericht. Vor dem Prozessgericht darf der Erbe den Testamentsvollstrecker auf Erfüllung der sich nach § 2216 BGB ergebenden ordnungsgemäßen Handlungen verklagen. Der Erbe darf hierbei z. B. auf die Vornahme bestimmter Verwaltungshandlungen gegen den Testamentsvollstrecker klagen, was insbesondere dann zu empfehlen ist, wenn der Testamentsvollstrecker wirtschaftliche Maßnahmen zu Gunsten des Nachlasses unterlässt. Vermietet er z. B. eine leer stehende Nachlassimmobilie nicht und verliert dadurch die Erbmasse Mieteinnahmen, kann eine entsprechende Leistungsklage erhoben werden. Auch eine gewinnbringende **Geldanlage**, die der Testamentsvollstrecker nicht durchführt, kann auf diesem Prozessweg erreicht werden. Umgekehrt kann auch das Unterlassen bestimmter ordnungswidriger Verwaltungshandlungen über das Prozessgericht untersagt werden. Will der Testamentsvollstrecker z. B. eine Nachlassimmobilie verkaufen, kann bei entsprechender Klagbegründung auf **Unterlassung** dieser Maßnahme geklagt werden.

Verletzt – was nicht selten bei juristisch nicht vorgebildeten Testamentsvollstreckern der Fall ist – der Amtsinhaber seine Pflicht, ein korrektes **Nachlassverzeichnis** (§ 2215 BGB) zu erstellen, kann dieses ebenfalls eingeklagt werden. Der Testamentsvollstrecker ist zur Auskunft und Rechenschaft, bei einer Dauertestamentsvollstreckung zur jährlichen Rechnungslegung verpflichtet. Führt er diese ihm obliegenden Informationen nicht oder nur ungenügend durch, kann ebenfalls vor dem Prozessgericht eine Auskunftsklage erhoben werden.

Sind mehrere Miterben vorhanden, steht die **Klagebefugnis** jedem einzelnen Miterben zu. Jeder Miterbe wird damit verfahrensrechtlich zum Kläger. In prozessrechtlicher Hinsicht ist zu beachten, dass derjenige, der Kläger (oder Beklagter) ist, in aller Regel nicht gleichzeitig Zeuge für seine vorgetragenen Behauptungen (z. B. pflichtwidrige Handlung des Testamentsvollstreckers) sein kann. Die Behauptungen des Klägers in der Klage müssen, damit der Prozess erfolgreich verlaufen kann, aber durch Beweismittel unterlegt werden. Als **Beweismittel** im Zivilverfahren sind gesetzlich nur vorgesehen:

- Zeugen
- Urkunden
- Sachverständigengutachten
- Gerichtlicher Augenschein
- Parteivernehmung.

Praxishinweis:

Bei Miterben sollte nur ein Miterbe als Kläger auftreten, um die übrigen Miterben als Zeugen für dessen Tatsachenvortrag zu gewinnen, denn wer in einem Prozess Kläger oder Beklagter ist, kann in aller Regel nicht zugleich Zeuge sein.

Entlassung des Testamentsvollstreckers erfolgreich ist und der Verstorbene dem Vollstrecker in seinem Testament die Befugnis eingeräumt hatte, dass er seinen Nachfolger selbst bestimmen darf, dieses Recht der Nachfolgerbestimmung dem entlassenen Testamentsvollstrecker dennoch erhalten bleibt.

So vielfältig wie die Verwaltungsmaßnahmen des Testamentsvollstreckers sind, so vielfältig sind die prozessualen Klagemöglichkeiten vor dem Prozessgericht. Inhaltliche Streitpunkte zwischen den Erben und dem Testamentsvollstrecker (und auch umgekehrt!) werden vor dem Land- bzw. Amtsgericht als Prozessgericht ausgetragen, was jedoch oft langwierig und teuer ist.

Der Möglichkeit, einen Prozess auf Entlassung des Testamentsvollstreckers vor einem Schiedsgericht durchzuführen – was zügiger, billiger und nervenschonender für alle Beteiligten wäre – hat der Bundesgerichtshof leider einen Riegel vorgeschoben: Er hat gegen Ende 2017 entschieden, dass ein Erblasser in seinem Testament nicht anordnen dürfe, diese spezielle Frage einem Schiedsgericht zuzuweisen. Für andere Auseinandersetzungen, beispielsweise die Vergütungsfrage des Testamentsvollstreckers, bleibt dieser besondere Prozessweg allerdings eröffnet.

Dabei darf nicht übersehen werden, dass unter Umständen der Testamentsvollstrecker persönlich in die Kosten eines Gerichtsverfahrens verurteilt wird und dann die Prozesskosten aus eigenen Mitteln bestreiten muss. Da den Erben umfangreiche Informations- und Anhörungsrechte zustehen, welche durch ein Verkennen, Übersehen oder schlichtes Nichtbeachten durch den Testamentsvollstrecker verletzt werden können, sollte er eher zu viel als zu wenig Informationen über seine Tätigkeiten laufend und unaufgefordert den Erben zuleiten.

Praxishinweis:

Der **umsichtige Testamentsvollstrecker** arbeitet mit den Erben im Rahmen seiner Tätigkeit zusammen, informiert diese, ohne hierzu gesondert aufgefordert zu werden, über seine Geschäftstätigkeit und vermeidet damit kostenträchtige Konfrontationen.

4. Verschulden des Testamentsvollstreckers an der Pflichtverletzung

Damit der Erbe gegenüber dem Testamentsvollstrecker einen Schadenersatzanspruch herleiten kann, muss der Vollstrecker seine Pflicht schuldhaft verletzt haben. **Schuldhaftes Handeln** setzt voraus, dass der Testamentsvollstrecker die „im Verkehr erforderliche Sorgfalt" verletzt hat (§ 276 BGB). Daher haftet der Testamentsvollstrecker nicht nur für diejenigen Sorgfalt, der er in seinen eigenen Angelegenheiten zu beachten pflegt. Vielmehr haftet er sowohl für leichte, mittlere als auch grobe Fahrlässigkeit sowie für vorsätzliches Handeln. Für ihn ist deshalb das Maß an Umsicht und Sorgfalt erforderlich, welches „nach dem Urteil besonnener und gewissenhafter Angehöriger des in Betracht kommenden Verkehrskreises zu beachten ist", wie die Rechtsprechung immer wieder betont. Wegen der vom Testamentsvollstrecker übernommenen Vertrauensstellung sind an seine Tätigkeiten **hohe Anforderungen** zu stellen.

Braucht der Testamentsvollstrecker für seine Tätigkeit **spezielle Kenntnisse**, die er selbst nicht besitzt, z. B. steuer- oder erbrechtliche Kenntnisse, muss er einen fachkundigen Berater einschalten (z. B. Fachanwalt für Erbrecht, Steuerberater, Anlageberater bei Wertpapieranlagen). Er muss die **Auswahl** des qualifizierten Beraters gewissenhaft vornehmen, andernfalls er schon für die fehlerhafte Auswahl haftet. Hat der Testamentsvollstrecker den Berater gewissenhaft ausgewählt, haftet er für dessen Fehler nicht.

Praxishinweis:

Wegen der vielschichtigen erbrechtlichen Fragestellungen sollte der Testamentsvollstrecker in der Regel einen **Fachanwalt für Erbrecht** zur Problemlösung beiziehen. Bereits der Erblasser sollte einen solchen mit der Übernahme der Testamentsvollstreckung in seinem Testament bezeichnen. Erfahrene Erbrechtsspezialisten finden Sie im Internet unter www.NDEEX.de.

Einer etwaigen Haftung kann sich der Testamentsvollstrecker auch nicht dadurch entziehen, dass er untätig bleibt. **Bloßes Nichtstun** stellt keine ordnungsgemäße Verwaltungsmaßnahme dar, deren Unterlassen ein Verschulden gem. § 276 BGB darstellt. Die Gefahr, dass der Testamentsvollstrecker seine Verwaltungshandlung gar nicht erst durchführt und meint, die Beteiligten werden sich auch ohne ihn einigen, ist groß. Besonders wenn der Testamentsvollstrecker rechtlich unerfahren ist, sich scheut den Erblasserwillen umzusetzen oder schlichtweg darauf vertraut, dass auch ohne sein Zutun die Nachlassauseinandersetzung unter den Miterben einvernehmlich erfolgen wird, ist dieses Phänomen in der Praxis zu beobachten. Hat der Testamentsvollstrecker sein Amt angenommen, ist er verpflichtet, seine ihm übertragenen Aufgaben auch faktisch auszuführen. Dem kann er sich nur durch Kündigung seines Amtes selbst entziehen; seine bloße Untätigkeit genügt hier nicht.

Ist der Testamentsvollstrecker untätig und erfüllt die ihm obliegenden Aufgaben nicht, können die Erben ihn vor dem Prozessgericht auf entsprechende Vornahme der ordnungsgemäßen Verwaltungshandlungen **verklagen**. Darüber hinaus kann der klagende Erbe verlangen, dass der Testamentsvollstrecker entlassen wird. Die Untätigkeit des Testamentsvollstreckers beinhaltet in der Regel die Unfähigkeit zur Amtsführung.

5. Maßnahmen zur Haftungsbeschränkung

a) Keine Haftungsfreistellung durch den Testierenden

Nicht selten versucht der **Erblasser** in seinem Testament den von ihm benannten Testamentsvollstrecker soweit als möglich von Haftungsansprüchen der Erben freizustellen. Dies ist allerdings nicht möglich, da das Gesetz ausdrücklich bestimmt, dass der Erblasser das Maß der vom Testamentsvollstrecker einzuhaltenden Sorgfalt nicht reduzieren oder gar ausschließen kann (§§ 2220, 2219 Abs. 1 BGB).

Praxishinweis:

Die Anordnung des Erblassers im Testament, dass der Testamentsvollstrecker nur für Vorsatz oder grobe Fahrlässigkeit haftet, ist unwirksam.

Allerdings können **die Erben** mit dem Testamentsvollstrecker einen eigenen Vertrag abschließen, in welchem sie auf bereits entstandene und/oder weitere, künftige Schadenersatzansprüchen verzichten. Ein solcher Verzicht kann auch in einen Auseinandersetzungsvertrag oder einen Auseinandersetzungsplan aufgenommen werden. Durch Einverständnis aller Beteiligten mit diesem Plan bzw. Vertrag ist auch der Verzicht auf Schadenersatzansprüche gegen etwa fehlerhafte Tätigkeiten des Testamentsvollstreckers vereinbart. Der Verzicht auf Schadenersatzansprüche kann auch in einem gesonderten Vertrag zwischen dem Testamentsvollstrecker und den Erben vereinbart werden. Der Testamentsvollstrecker sollte aus haftungsrechtlichen Gründen versuchen, einen Erlassvertrag mit den Erben abzuschließen.

b) Haftung mit dem Privatvermögen

Die Haftung auf Schadenersatz trifft den Testamentsvollstrecker immer **persönlich**. Er haftet daher mit seinem **Privatvermögen** für schuldhafte Pflichtverletzungen während seiner Amtstätigkeit. Vor der Übernahme des Amtes sollte sich der Testamentsvollstrecker darüber im Klaren sein. Insbesondere bei einem umfangreichen, unstrukturierten oder unübersichtlichen Nachlass sollte sich der Testamentsvollstrecker genau überlegen, ob er das Amt überhaupt annimmt. Ist im Nachlass z. B. Auslandsvermögen, Geschäftsanteile, Firmenvermögen, kann es recht schnell zu einer Pflichtverletzung durch den Testamentsvollstrecker kommen, die ihn der privaten Haftung aussetzt.

Praxishinweis:

Fachanwälte für Erbrecht sind über eine **Vermögens-Haftpflichtversicherung** für etwaige Schäden aus einer Testamentsvollstreckertätigkeit versichert. Wird ein solcher zum Testamentsvollstrecker vom Erblasser in dessen Testament eingesetzt, läuft der Erbe nicht Gefahr, bei einem fehlerhaften Handeln des Vollstreckers „leer auszugehen".

5. Kapitel

Ansprüche Dritter gegenüber dem Testamentsvollstrecker

Neben den Erben haben auch andere, außerhalb des Nachlass stehende Personen, Ansprüche gegenüber dem Testamentsvollstrecker. Dies können z. B. Vermächtnisnehmer, Pflichtteilsberechtigte oder Nachlassgläubiger sein. Je nach deren Stellung sind die Rechte stärker oder schwächer ausgeprägt.

I. Rechte des Vermächtnisnehmers

Teilweise wird eine Testamentsvollstreckung vom Erblasser alleine mit dem Ziel angeordnet, dass der Testamentsvollstrecker ein Vermächtnis erfüllen soll (z. B. Übertragung eines Grundstückes, Auszahlung eines bestimmten Geldbetrages an Dritte). Die **Erfüllung von Vermächtnissen** kann auch Teil der gesamten Nachlassabwicklung sein. Daher gesteht der Gesetzgeber dem Vermächtnisnehmer verschiedene Rechte gegen den Testamentsvollstrecker zu. Auf Grund dieser Rechte haftet der Testamentsvollstrecker nicht nur gem. § 2219 Abs. 1 BGB wegen schuldhafter Pflichtverletzungen gegenüber den Erben auf Schadenersatz, sondern aus denselben Gründen auch gegenüber Vermächtnisnehmern. Der mit dem Vermächtnis Bedachte ist deshalb befugt, einen ihm zustehenden Schadenersatzanspruch direkt gegenüber dem Testamentsvollstrecker einzufordern; er muss sich nicht vorrangig an die Erben halten.

1. Auskunftsanspruch des Vermächtnisnehmers

Zu Beginn der Amtsführung muss der Testamentsvollstrecker den Erben ein **Nachlassverzeichnis** übersenden (§ 2215 Abs. 1 BGB). Einem Vermächtnisnehmer steht ein Anspruch auf Überlassung des Nachlassverzeichnisses grundsätzlich nicht zu. Nur wenn er z. B. mit dem Nießbrauch am Nachlass bedacht ist, muss er sich aus dem Nachlassverzeichnis über den gesamten Nachlass informieren können. Diese Information braucht der Vermächtnisnehmer auch dann, wenn ein ihm vermachter Gegenstand nicht bestimmt und damit nicht übergeben werden kann, z. B. wenn ihm ein bestimmter Prozentanteil am Barnachlass vermacht wurde. Nur anhand des Nachlassverzeichnisses kann der Vermächtnisnehmer seinen Vermächtnisgegenstand bestimmen, bzw. diesen der Höhe nach berechnen und auf diese Weise beziffern. In diesen Ausnahmefällen steht ihm der Anspruch auf Übersendung des Nachlassverzeichnisses zu. Ebenso kann der Vermächtnisnehmer die Vorlage von Unterlagen und/oder **Belegen** fordern, wenn er nur auf diese Weise seine Ansprüche konkretisieren kann, was vor allem dann der Fall ist, wenn ein prozentualer Anteil am Jahresgewinn eines Unternehmens vermacht wurde. Dann muss ihm der Testamentsvollstrecker z. B. Geschäftsunterlagen, Bilanzen, Unterlagen der Gewinnfeststellung, Jahresabschlüsse usw. aushändigen, um die erteilten Auskünfte für den Vermächtnisnehmer zu untermauern. Der Erblasser kann dem Vermächtnisnehmer den **Anspruch auf Übersendung des Nachlassverzeichnisses** oder auf Vorlage von Belegen zusätzlich vermachen.

Praxishinweis:

Ist der Testamentsvollstrecker im Zweifel, ob er einem Vermächtnisnehmer ein Nachlassverzeichnis übersenden darf, kann er sich dadurch absichern, dass er sich zuvor schriftlich das **Einverständnis aller Miterben** einholt. Diese können ihm eine möglicherweise unberechtigte Übersendung des Verzeichnisses dann nicht als schuldhafte Pflichtverletzung seiner Amtstätigkeit vorwerfen.

2. Vermächtnisnehmer als Testamentsvollstrecker

Den Problemen einer – u. U. verzögerten - Vermächtniserfüllung kann der Erblasser durch vorausschauende Testamentsgestaltung entgegentreten. Er kann in seinem Testament den Vermächtnisnehmer selbst zum Testamentsvollstrecker einsetzen, dem dann allein die Aufgabe obliegt, die (eigene) Vermächtniserfüllung umzusetzen. Diese Möglichkeit der Testamentsgestaltung ist oft unbekannt. Es empfiehlt sich daher auch aus diesem Grunde, bei der Errichtung eines Testaments, in welchem Testamentsvollstreckung angemeldet werden soll, fachkundige Beratung einzuholen. Einzelheiten zur Anordnung einer Testamentsvollstreckung im Zusammenhang mit Vermächtnissen finden sich im 2. Kapitel I. 4.

Mustertext „Testamentsvollstreckung zur Vermächtniserfüllung"

> Als Vermächtnis erhält Herr...... meine Briefmarkensammlung. Allein zur Erfüllung dieses Vermächtnisses setze ich Herrn...... als Testamentsvollstrecker ein. Er hat allein die Aufgabe, sich diese Sammlung selbst zu Eigentum zu übertragen.

3. Klage auf Vermächtniserfüllung

Steht dem Bedachten der Vermächtnisanspruch zu, muss ihn der Testamentsvollstrecker erfüllen. Unterlässt er dies, steht dem Vermächtnisnehmer gegen den Testamentsvollstrecker das Recht zu, ihn auf Erfüllung zu verklagen. Unterlässt der Testamentsvollstrecker eine eindeutige Anordnung zur Vermächtniserfüllung, handelt er fahrlässig pflichtwidrig. Ein gegen ihn ergehendes Urteil wird ihn daher auch persönlich in die Kosten verurteilen. Dies bedeutet, dass er die Prozesskosten nicht dem Nachlass entnehmen kann, sondern aus eigenen Mitteln zu bezahlen hat.

Mustertext „Klageantrag auf Erfüllung des Vermächtnisses"

> Der Beklagte (Testamentsvollstrecker) wird verurteilt, dem Kläger folgenden Vermächtnisgegenstand (......) herauszugeben und zu übereignen:...... Der Beklagte trägt die Kosten des Rechtsstreits.

Bevor die Klage erhoben wird, muss der Vermächtnisnehmer das Vermächtnis annehmen und sollte den Testamentsvollstrecker auffordern, innerhalb einer **bestimmten Frist** das Vermächtnis zu erfüllen. Andernfalls besteht kein Klageanlass. Damit der Vermächtnisnehmer in einem etwaigen Klageverfahren beweisen kann, dass er den Testamentsvollstrecker zur Vermächtniserfüllung aufgefordert hat, sollte er das Aufforderungsschreiben per Einschreiben/Rückschein an den Testamentsvollstrecker versenden. Durch Unterzeichnung des Rückscheins weist der Vermächtnisnehmer im Klageverfahren den Zugang seines Erfüllungsverlangens unter Fristsetzung nach. Alternativ kann das Schreiben des Vermächtnisnehmers auch über den örtlich zuständigen Gerichtsvollzieher zugestellt werden. Der Gerichtsvollzieher ist neben seiner Vollstreckungstätigkeit auch Zustellungsorgan nach der Zivilprozessordnung (§ 192 ff. ZPO). Der Gerichtsvollzieher führt den Zustellungsauftrag aus und sendet dem Auftraggeber (Vermächtnisnehmer) eine Zustellungsurkunde zurück, welche dem Nachweis der Zustellung dient (§ 182 ZPO). Bestreitet der Testamentsvollstrecker im Klageverfahren, dass er unter ordnungsgemäßer Fristsetzung zur Erfüllung des Vermächtnisses aufgefordert wurde, kann sich der Vermächtnisnehmer auf die Beweiskraft der Zustellungsurkunde als öffentliche Urkunde gem. § 418 ZPO berufen.

Praxishinweis:

Vor einer übereilten Klage auf Vermächtniserfüllung gegen den Testamentsvollstrecker ist zu warnen. Zuvor muss der Testamentsvollstrecker zur Erfüllung des Vermächtnisses unter angemessener Fristsetzung aufgefordert werden.

II. Rechte des Pflichtteilsberechtigten

1. Keine Passivlegitimation des Testamentsvollstreckers

Der Pflichtteilsberechtigte steht, da er kein Erbe ist, außerhalb des Nachlasses. Er hat darauf keinerlei Zugriffsmöglichkeiten. Dennoch muss er seinen Pflichtteilsanspruch berechnen können. Dazu ist er auf Informationen über den Nachlassumfang und dessen Wert angewiesen. Ist der Testamentsvollstrecker zur Nachlassabwicklung bzw. -verwaltung berufen, besteht bei Pflichtteilsberechtigten oft die Fehlvorstellung, dass der Vollstrecker auch die **Regulierung und Auszahlung der Pflichtteilsansprüche** vorzunehmen hat. Dem steht jedoch § 2213 Abs. 1 S. 3 BGB entgegen, wonach Pflichtteilsrechte allein gegen den Erben geltend zu machen sind. Die Vorschrift schützt insoweit den Erben, denn der Gesetzgeber wollte nicht, dass über Pflichtteilsansprüche (durch den Testamentsvollstrecker) entschieden wird, ohne dass der jeweilige Erbe hieran mitwirkt. Der Pflichtteilsberechtigte muss deshalb die Auskunft über den Nachlassumfang vom Erben anfordern. Bei der Testamentsvollstreckung ist in aller Regel der Erbe jedoch nicht verfügungsbefugt über den Nachlass. Dies ist allein dem Testamentsvollstrecker vorbehalten. Daher muss der Erbe den Testamentsvollstrecker auffordern, ihm die für das Pflichtteilsverlangen notwendige **Auskunft** über den Nachlassbestand zu erteilen, damit er diese dann weiterreichen kann.

Praxishinweis:

Grundsätzlich kann der Pflichtteilsberechtigte **gegenüber dem Testamentsvollstrecker** weder Auskunfts- noch Wertermittlungsansprüche über den Nachlass geltend machen. Er ist damit allein an die Erben verwiesen, außer der Erblasser hat den Testamentsvollstrecker mit dem Aufgabenbereich „Regulierung der Pflichtteilsansprüche" ausdrücklich betraut.

2. Duldungstitel gegen den Testamentsvollstrecker

Dem Pflichtteilsberechtigten ist regelmäßig mit einem Zahlungstitel (Urteil, Anerkenntnis) **gegen den Erben** alleine nicht gedient: Der Erbe hat mangels Verfügungsbefugnis über den Nachlass keine Möglichkeit, das zur Pflichtteilszahlung Notwendige aus dem Nachlass zu entnehmen. Zugriff auf den Nachlass hat alleine der Testamentsvollstrecker. Der Pflichtteilsberechtigte muss daher einerseits den Erben auf **Zahlung** seines Pflichtteilsanspruches, zum anderen den Testamentsvollstrecker auf Duldung der **Vollstreckung** in den Nachlass verklagen. Aus Kostengründen sollten die Ansprüche in einer gemeinsamen Klage erhoben werden. Die Gerichts- und Anwaltsgebühren sind streitwertabhängig. Zwei getrennte Klageverfahren sind in der Regel teurer, als wenn die Ansprüche gegen denselben Beklagten in einer Klage verbunden werden.

Mustertext „Klageanträge des Pflichtteilsberechtigten"

a) Der Beklagte (Erbe) wird verurteilt, an den Kläger (Pflichtteilsberechtigten)...... € nebst Zinsen hieraus i. H. v. 5 %-Punkten über dem Basiszinssatz seit...... zu bezahlen.
b) Der Beklagte (Testamentsvollstrecker) wird verurteilt, wegen des vorgenannten Betrages nebst Zinsen die Zwangsvollstreckung in den Nachlass des am...... in...... Verstorbenen (Erblasser) zu dulden.
c) Die Kosten tragen die Beklagten als Gesamtschuldner.

Weil aus einem Zahlungsurteil der Erbe auf die Leistung des Pflichtteilsanspruchs nicht nur mit dem Nachlass, sondern auch mit seinem eigenen Privatvermögen haftet, sollte der Erbe eine **Haftungsbeschränkung** herbeiführen. Dies kann dadurch geschehen, dass er im Fall seiner Verurteilung die Haftung auf den Nachlass beschränkt. Der Pflichtteilsberechtigte kann sich dann wegen seines Pflichtteilsanspruchs nicht aus dem Privatvermögen des Erben bedienen. Diese Haftungsbeschränkung kann der Pflichtteilsberechtigte nicht verhindern. Sie ist dem Erben als Verteidigungsmittel dringend anzuraten.

Praxishinweis:

Der Erbe sollte immer beantragen, dass ihm die **Beschränkung seiner Haftung auf den Nachlass** vorbehalten bleibt (§ 780 Abs. 1 ZPO).

3. Entlassungsantrag gegen den Testamentsvollstrecker

Dem Pflichtteilsberechtigten steht auch die Befugnis zu, einen Entlassungsantrag gegen den Testamentsvollstrecker zu stellen, wenn jener eine schuldhafte Pflichtverletzung nach § 2227 BGB begangen hat. Dieses Antragsrecht steht demjenigen zu, der ein rechtliches Interesse an der Testamentsvollstreckung besitzt; ein Pflichtteilsberechtigter zählt zu diesem Personenkreis, denn der Testamentsvollstrecker muss den Erblasserwillen auch gegenüber dem Nichterben umsetzen. Verletzt er seine Pflichten, kann sich der Pflichtteilsberechtigte durch Einreichung eines Entlassungsantrages beim Nachlassgericht dagegen wehren.

III. Zwangsvollstreckung der Nachlassgläubiger

Es ist nicht selten, dass der Erblasser noch einen Auftrag erteilte, z. B. an einen **Handwerker**, dieser den Auftrag noch vor dem Tode des Erblassers ausführte, aber vor Bezahlung des Auftraggebers verstirbt. Der Handwerker als **Nachlassgläubiger** hat dadurch seinen Werklohnanspruch nicht verloren. Er muss ihn vielmehr nun gegen die Erben seines Auftraggebers durchsetzen. Sein Zahlungsanspruch stellt zu Lasten des Nachlasses eine Nachlassverbindlichkeit dar. Um diese zu realisieren, kann der Nachlassgläubiger **wählen**:

- Er kann **allein den Testamentsvollstrecker** auf Zahlung verklagen und mit dem Titel in den Nachlass vollstrecken.
- Er kann sowohl den **Testamentsvollstrecker als auch den Erben** auf Zahlung verklagen, wobei er gegen den Erben den Zahlungs-

anspruch, gegen den Testamentsvollstrecker den Anspruch auf Duldung der Zwangsvollstreckung in den Nachlass einklagen kann.

Wird der Erbe mitverklagt, kann dieser wiederum beantragen, dass sich seine Haftung nur auf den Nachlass beschränkt (§ 780 ZPO).

6. Kapitel

Der Testamentsvollstrecker und das Nachlassgericht

Das Nachlassgericht hat während der Amtsausübung weder die Pflicht, den Testamentsvollstrecker zu beaufsichtigen noch das Recht, diesen zu kontrollieren. Vielmehr gibt es dem Testamentsvollstrecker nur den „formellen Rahmen" vor, um ihm sein Amt mittels eines Testamentsvollstreckerzeugnisses zu bescheinigen oder ihn aus seinem Amt zu entlassen.

I. Amtsannahme

1. Keine Pflicht zur Annahme des Amtes

Der **Amtsbeginn** setzt voraus, dass die Testamentsvollstreckung in der letztwilligen Verfügung angeordnet wurde, der Testamentsvollstrecker als Person ernannt wird und dieser die **Annahme des Amtes** gegenüber dem Nachlassgericht erklärt (§§ 2200, 2202 Abs. 1 BGB). Regelmäßig wird der im Testament eingesetzte Testamentsvollstrecker vom zuständigen Nachlassgericht angeschrieben und angefragt, ob er bereit ist, das Amt zu übernehmen. Eine **Annahmeverpflichtung** besteht für diesen nicht. Übernimmt der Testamentsvollstrecker sein Amt, muss er die Annahmeerklärung – ebenso wie dessen Ablehnung – gegenüber dem **Nachlassgericht** abgeben (§ 2202 Abs. 2 S. 1 BGB). Die Annahmeerklärung ist an dasjenige Nachlassgericht zu richten, welches für die Eröffnung der Verfügung von Todes wegen **zuständig** ist.

2. Annahmezeugnis

Da zwischen Testamentseröffnung und Erteilung des Testamentsvollstreckerzeugnisses meist eine längere Zeit vergeht, der Testamentsvollstrecker jedoch bereits handlungsfähig sein muss, kann dieser ein **Annahmezeugnis** beantragen. Dieses ist ein Zeugnis über die Rechtswirksamkeit der Amtsannahme und dient z. B. gegenüber dem Grundbuchamt als Nachweis für die Tätigkeit des Testamentsvollstreckers. Das Annahmezeugnis bescheinigt aber nur, dass der Testamentsvollstrecker das Amt angenommen hat. Es besagt nichts über Art, Umfang der Aufgaben und die Dauer des Amtes.

Damit das Annahmezeugnis im Rechtsverkehr wirksam ist, muss die Erklärung des Testamentsvollstreckers, das Amt anzunehmen, in öffentlich beglaubigter Form vor einem Notar oder dem Nachlassgericht erfolgen. Die bloß privatschriftliche Mitteilung an das Nachlassgericht, das Amt als Testamentsvollstrecker anzunehmen, ist unzureichend. Solche formunwirksamen Erklärungen darf z. B. das **Grundbuchamt** zurückweisen und die Vorlage eines Testamentsvollstreckerzeugnisses verlangen.

Praxishinweis:

Der zwischen Erbfall und Amtsannahme bestehende Schwebezustand bezüglich der Nachlassverwaltung kann durch eine **postmortale Vollmacht** des Erblassers zu Gunsten des späteren Testamentsvollstreckers überbrückt werden. Einzelheiten zur postmortalen Vollmacht finden sich im 2. Kapitel III.

II. Testamentsvollstreckerzeugnis

1. Antrag auf Erteilung eines Testamentsvollstreckerzeugnisses

Damit der Testamentsvollstrecker sein Amt und seine Befugnisse gegenüber dem Rechtsverkehr nachweisen kann, erteilt ihm das Nachlassgericht auf dessen Antrag hin ein **Testamentsvollstreckerzeugnis**. Es stellt die Legitimationsurkunde des Vollstreckers gegenüber Dritten dar. Dies ist z. B. unumgänglich, wenn die Testamentsvollstreckung im **Grundbuch** oder Handelsregister eingetragen werden soll. Es kann bereits ausgestellt werden, auch wenn noch kein Erbschein erteilt ist. Wenn der Testamentsvollstrecker die Berichtigung des Grundbuchs beantragt, darf das **Grundbuchamt** kein Testamentsvollstreckerzeugnis verlangen, wenn ein notarielles Testament nebst Eröffnungsniederschrift vorliegt und eine formgerechte Annahmeerklärung des Testamentsvollstreckers gegenüber dem Nachlassgericht existiert. Darauf muss der Testamentsvollstrecker hinweisen, denn die Erteilung des Zeugnisses ist teuer, wohingegen die bloße Annahmeerklärung wesentlich billiger ist, um das Grundbuch in diesen Fällen berichtigen zu können.

Mustertext „Antrag auf Testamentsvollstreckerzeugnis"

Ich beantrage, mir folgendes Testamentsvollstreckerzeugnis zu erteilen:
Herr/Frau......, wohnhaft...... ist zum Testamentsvollstrecker über den Nachlass des am...... in...... verstorbenen......, zuletzt wohnhaft gewesen in......, ernannt worden.

Praxishinweis:

Gegenüber dem Grundbuchamt muss der Testamentsvollstrecker die Urschrift (das Original) seines Testamentsvollstreckerzeugnisses oder eine Ausfertigung desselben vorlegen. Die Einreichung einer beglaubigten Abschrift oder Kopie des Zeugnisses genügt nicht, da diese keine „Urkunden" darstellen, deren Vorlage beim Grundbuchamt jedoch zwingend ist, denn das Grundbuchamt nimmt Eintragungen nur vor, wenn Urkunden vorgelegt werden.

Der auf Erteilung des Zeugnisses gestellte Antrag muss auch begründet werden. Dazu ist darzulegen, dass die Ernennung des Testamentsvollstreckers aufgrund eines bestimmten Testamentes erfolgt ist. Auch ist anzugeben, dass der Testamentsvollstrecker das Amt annimmt und ein Rechtsstreit über die Gültigkeit der Anordnung der Testamentsvollstreckung nicht anhängig ist. Der Testamentsvollstrecker hat regelmäßig eine eidesstattliche Versicherung über diese Angaben abzugeben. Das Nachlassgericht kann jedoch gebeten werden, diese zu erlassen. Besteht das Nachlassgericht auf Abgabe der eidesstattlichen Versicherung, genügt es nicht, diese in einer privatschriftlichen Erklärung dem Gericht vorzulegen. Vielmehr muss diese vor einem Notar oder direkt beim Nachlassgericht abgegeben werden. Der Testamentsvollstrecker, der sein Zeugnis beantragt, muss sich selbstverständlich ausweisen und kann, wenn sich das Testament bereits in den Nachlassakten befindet, auf diese Akten verweisen.

Einen Antrag auf Erteilung des Testamentsvolltreckerzeugnisses zu stellen ist sogar dann (noch) möglich, wenn gegen die Erteilung des Zeugnisses von den Erben Gründe vorgebracht werden, die auf die Entlassung des Testamentsvollstreckers wegen einer Pflichtverletzung abzielen; in diesem Fall prüft das Nachlassgericht gerade nicht, ob die Pflichtverletzungen tatsächlich zur Entlassung führen werden, denn das ist ein vom Erteilungsverfahren gesonderter Prozess. Der Testamentsvollstrecker ist also zunächst berechtigt, sein Zeugnis auch in diesen Fällen zu erhalten, denn er muss sich damit im Rechtsverkehr ausweisen können.

Sind **Einschränkungen** über bestimmte Aufgaben der Testamentsvollstreckung testamentarisch vorgegeben, müssen diese im Zeugnis ausgewiesen werden. Dies kann z. B. die Beschränkung der Testamentsvollstreckung nur auf einen Erbteil, auf einen bestimmten Nachlassgegenstand, eine bestimmte Dauer der Testamentsvollstreckung sein (Einzelheiten zu den verschiedenen Arten einer Testamentsvollstreckung finden sich im 2. Kapitel I.)

2. Kosten des Testamentsvollstreckerzeugnisses

Die Kosten für die Erteilung des Testamentsvollstreckerzeugnisses berechnen sich seit dem 1.8.2013 nach Nr. 12210 GNotKG aus einem Geschäftswert, der sich nach § 40 Abs. 5 GNotKG richtet. Als Geschäftswert sind 20% des Bruttonachlasswertes (also ohne Abzug der Nachlassverbindlichkeiten) vorgeschrieben. Daraus wird eine Gebühr erhoben. Hierbei gelten folgende Gebührenansätze:

Geschäftswert bis.....Euro	1/1 Gebühr beträgt Euro.....		Geschäftswert bis..... Euro	1/1 Gebühr beträgt Euro.....
5.000	45		440.000	835
19.000	99		500.000	935
35.000	135		600.000	1.095
50.000	165		700.000	1.255
110.000	273		800.000	1.415
155.000	354		900.000	1.575
200.000	435		1.000.000	1.735
260.000	535		1.500.000	2.535
320.000	635		2.000.000	3.335
350.000	685		2.500.000	4.135
410.000	785		3.000.000	4.935

Wird für die Erteilung des Testamentsvollstreckerzeugnisses noch die eidesstattliche Versicherung vom Nachlassgericht verlangt (was die Regel ist), fällt eine weitere Gebühr in derselben Höhe an.

Für die zuvor erfolgte Ernennung des Testamentsvollstreckers erhebt das Nachlassgericht ein halbe Gebühr, die sich jedoch aus einem Geschäftswert berechnet, der 10% des Bruttonachlasswertes entspricht.

3. Rückgabe des Testamentsvollstreckerzeugnisses

Ist das Amt des Testamentsvollstreckers **beendet** (z. B. durch Erledigung aller Aufgaben, Kündigung des Amts) müssen das Original und alle Ausfertigungen des Testamentsvollstreckerzeugnisses an das Nachlassgericht zurückgegeben werden, andernfalls muss das Testamentsvollstreckerzeugnis vom Nachlassgericht **für kraftlos erklärt** und wieder eingezogen werden (§ 2368 Abs. 3 BGB).

Praxishinweis:

Bei Beendigung der Testamentsvollstreckung sollte der Testamentsvollstrecker das Original und alle Ausfertigungen des Testamentsvollstreckerzeugnisses an das Nachlassgericht gegen Empfangsbescheinigung unaufgefordert zurücksenden.

Bestreiten die Erben, dass der Testamentsvollstrecker alle Aufgaben erfüllt hat, muss über diese Frage Rechtssicherheit geschaffen werden, um ggf. das mit öffentlichem Glauben versehene Testamentsvollstreckerzeugnis aus dem Verkehr zu ziehen. Auch der Testamentsvollstrecker hat ein entsprechendes Rechtsschutzbedürfnis, die Beendigung seiner Tätigkeit gerichtlich feststellen zu lassen. Er kann deshalb beim Prozessgericht (nicht das Nachlassgericht) eine **Feststellungsklage** erheben.

Selbst **nach Beendigung der Testamentsvollstreckung** darf der Testamentsvollstrecker noch ein Zeugnis über sein bereits erloschenes Amt beantragen. Dies ist möglich, wenn hierfür ein Bedürfnis besteht, um die Befugnis für frühere Rechtshandlungen, die der Testamentsvollstrecker vorgenommen hat, während der abgelaufenen Amtszeit nachträglich zu beweisen.

4. Das Europäische Nachlasszeugnis (ENZ)

Zum 17.8.2015 trat die Europäische Erbrechtsverordnung in Kraft. Dabei wurden einheitliche Standards geschaffen, um in Europa die Abwicklung von länderübergreifenden Nachlässen zu erleichtern. Auch ein sog. Europäisches Nachlasszeugnis zur Legitimation der Erben und anderer erbrechtlich Beteiligter wurde eingeführt. Es handelt sich dabei um eine unionsweit gültige, einheitliche Bescheinigung über die Rechtsstellung als Erbe und ggf. als Vermächtnisnehmer, die etwaige Zuweisung bestimmter Vermögenswerte an Erb- und Vermächtnisnehmer, sowie die Befugnis als Testamentsvollstrecker zur Vereinfachung grenzüberschreitender Nachlassabwicklung. Das ENZ ist Nachweis der Erbfolge und kann Grundlage für eine Eigentumsumschreibung auf die Erben sein. Um Rechtstellungen in einem anderen Mitgliedsstaat geltend zu machen, wird der entsprechende Nachweis erleichtert. Testamentsvollstrecker, die Nachlass im Europäischen **Ausland** abwickeln müssen, können somit statt eines deutschen Erbscheins zur Vereinfachung ein Europäisches Nachlasszeugnis beantragen. Zuständig ist hierfür das allgemeine deutsche Nachlassgericht am letzten Wohnort des Erblassers oder jedes inländische Notariat.

Praxishinweis:

Das Europäische Nachlasszeugnis kann nicht für die Länder Dänemark, das Vereinigte Königreich (Großbritannien) und Irland beantragt werden, da diese Länder keine Mitgliedstaaten der Europäischen Erbrechtsverordnung geworden sind.

Einzelne Nachlassgegenstände werden im ENZ nicht ausdrücklich ausgewiesen, so dass keine Grundstücke im ENZ angegeben werden, die im Ausland liegen und die der Testamentsvollstrecker bei der Nachlassabwicklung verteilen muss.

Praxishinweis:

Mit der Durchführungsverordnung zur Europäischen Erbrechtsverordnung wurden für den Antrag auf Erteilung des Europäischen Nachlasszeugnisses Formblätter eingeführt, die hierfür benutzt werden müssen.

III. Keine Kontrollrechte des Nachlassgerichts

1. Kein Weisungsrecht des Nachlassgerichts

Das Gesetz sieht nicht vor, dass das Nachlassgericht die Tätigkeit der Amtsführung des Testamentsvollstreckers beaufsichtigen kann. Auch **Weisungen** darf es ihm nicht erteilen. Selbst wenn er völlig untätig bleibt oder seine Verwaltungstätigkeiten nur nachlässig ausübt, darf das Nachlassgericht nicht in die Amtsführung des Testamentsvollstreckers eingreifen; auch darf es keine Auskünfte über die Amtsführung einholen.

In der Praxis häufig sind die Fälle, in welchen die Erben dem Testamentsvollstrecker eine mangelhafte oder nachlässige Geschäftsführung vorwerfen. Den Erben steht der Weg zum Nachlassgericht dergestalt offen, dass sie ein **Entlassungsverfahren** gegenüber dem Testamentsvollstrecker beim Nachlassgericht einleiten (§ 2227 BGB). Dazu ist notwendig, dass ein „wichtiger Grund“ für die Entlassung vorgetragen und bewiesen wird. Im Rahmen des so von den Erben beantragten Entlassungsverfahrens kann dann das Nachlassgericht **als Vorfrage** prüfen, ob eine mangelhafte Amtstätigkeit vorliegt, die zudem ein solches Maß erreicht hat, dass sie als wichtiger Grund für die Entlassung dient.

Praxishinweis:

Monieren Erben die Art und Weise der Amtsführung des Testamentsvollstreckers, kann das Nachlassgericht diese Behauptung nur als Vorfrage im Rahmen eines Entlassungsverfahrens prüfen.

2. Keine vorläufige Entlassung des Testamentsvollstreckers

Eine **Kontrolle** des Testamentsvollstreckers durch das Nachlassgericht ist somit nur mittelbar und auch nur auf **Antrag** eines Beteiligten (z. B. des Erben) im Rahmen eines Entlassungsverfahrens möglich. Eine **vorläufige Entlassung** darf das Nachlassgericht selbst dann nicht aussprechen, wenn die Erben hierauf drängen. Selbst wenn ein Entlassungsantrag formell an das Nachlassgericht gestellt ist, steht dem Testamentsvollstrecker der Anspruch auf Erteilung eines Testamentsvollstreckerzeugnisses zu. Das Zeugnis dient allein zu seiner Legitimation. Es bezeugt nicht die inhaltliche Ordnungsgemäßheit seiner Amtsführung.

Das Nachlassgericht ist auch dann zuständig zu entscheiden, wenn **zwischen mehreren tätigen Testamentsvollstreckern Meinungsverschiedenheiten** bestehen (§ 2224 BGB).

Anhang

I. Wichtige gesetzliche Regelungen zur Testamentsvollstreckung

Bürgerliches Gesetzbuch (BGB)

§ 2197 BGB Ernennung des Testamentsvollstreckers

(1) Der Erblasser kann durch Testament einen oder mehrere Testamentsvollstrecker ernennen.

(2) Der Erblasser kann für den Fall, dass der ernannte Testamentsvollstrecker vor oder nach der Annahme des Amts wegfällt, einen anderen Testamentsvollstrecker ernennen.

§ 2198 BGB Bestimmung des Testamentsvollstreckers durch einen Dritten

(1) Der Erblasser kann die Bestimmung der Person des Testamentsvollstreckers einem Dritten überlassen. Die Bestimmung erfolgt durch Erklärung gegenüber dem Nachlassgericht; die Erklärung ist in öffentlich beglaubigter Form abzugeben.

(2) Das Bestimmungsrecht des Dritten erlischt mit dem Ablauf einer ihm auf Antrag eines der Beteiligten von dem Nachlassgericht bestimmten Frist.

§ 2199 BGB Ernennung eines Mitvollstreckers oder Nachfolgers

(1) Der Erblasser kann den Testamentsvollstrecker ermächtigen, einen oder mehrere Mitvollstrecker zu ernennen.

(2) Der Erblasser kann den Testamentsvollstrecker ermächtigen, einen Nachfolger zu ernennen.

(3) Die Ernennung erfolgt nach § 2198 Abs. 1 S. 2.

§ 2200 BGB Ernennung durch das Nachlassgericht

(1) Hat der Erblasser in dem Testament das Nachlassgericht ersucht, einen Testamentsvollstrecker zu ernennen, so kann das Nachlassgericht die Ernennung vornehmen.

(2) Das Nachlassgericht soll vor der Ernennung die Beteiligten hören, wenn es ohne erhebliche Verzögerung und ohne unverhältnismäßige Kosten geschehen kann.

§ 2201 BGB Unwirksamkeit der Ernennung

Die Ernennung des Testamentsvollstreckers ist unwirksam, wenn er zu der Zeit, zu welcher er das Amt anzutreten hat, geschäftsunfähig oder in der Geschäftsfähigkeit beschränkt ist oder nach § 1896 zur Besorgung seiner Vermögensangelegenheiten einen Betreuer erhalten hat.

§ 2202 BGB Annahme und Ablehnung des Amts

(1) Das Amt des Testamentsvollstreckers beginnt mit dem Zeitpunkt, in welchem der Ernannte das Amt annimmt.

(2) Die Annahme sowie die Ablehnung des Amts erfolgt durch Erklärung gegenüber dem Nachlassgericht. Die Erklärung kann erst nach dem Eintritt des Erbfalls abgegeben werden; sie ist unwirksam, wenn sie unter einer Bedingung oder einer Zeitbestimmung abgegeben wird.

(3) Das Nachlassgericht kann dem Ernannten auf Antrag eines der Beteiligten eine Frist zur Erklärung über die Annahme bestimmen. Mit dem Ablauf der Frist gilt das Amt als abgelehnt, wenn nicht die Annahme vorher erklärt wird.

§ 2203 BGB Aufgabe des Testamentsvollstreckers

Der Testamentsvollstrecker hat die letztwilligen Verfügungen des Erblassers zur Ausführung zu bringen.

§ 2204 BGB Auseinandersetzung unter Miterben

(1) Der Testamentsvollstrecker hat, wenn mehrere Erben vorhanden sind, die Auseinandersetzung unter ihnen nach Maßgabe der §§ 2042 bis 2057a zu bewirken.

(2) Der Testamentsvollstrecker hat die Erben über den Auseinandersetzungsplan vor der Ausführung zu hören.

§ 2205 BGB Verwaltung des Nachlasses, Verfügungsbefugnis

Der Testamentsvollstrecker hat den Nachlass zu verwalten. Er ist insbesondere berechtigt, den Nachlass in Besitz zu nehmen und über die Nachlassgegenstände zu verfügen. Zu unentgeltlichen Verfügungen ist er nur berechtigt, soweit sie einer sittlichen Pflicht oder einer auf den Anstand zu nehmenden Rücksicht entsprechen.

§ 2206 BGB Eingehung von Verbindlichkeiten

(1) Der Testamentsvollstrecker ist berechtigt, Verbindlichkeiten für den Nachlass einzugehen, soweit die Eingehung zur ordnungsmäßigen Verwaltung erforderlich ist. Die Verbindlichkeit zu einer Verfügung über einen Nachlassgegenstand kann der Testamentsvollstrecker für den Nachlass auch dann eingehen, wenn er zu der Verfügung berechtigt ist.

(2) Der Erbe ist verpflichtet, zur Eingehung solcher Verbindlichkeiten seine Einwilligung zu erteilen, unbeschadet des Rechts, die Beschränkung seiner Haftung für die Nachlassverbindlichkeiten geltend zu machen.

§ 2207 BGB Erweiterte Verpflichtungsbefugnis

Der Erblasser kann anordnen, dass der Testamentsvollstrecker in der Eingehung von Verbindlichkeiten für den Nachlass nicht beschränkt sein soll. Der Testamentsvollstrecker ist auch in einem solchen Falle zu einem Schenkungsversprechen nur nach Maßgabe des § 2205 S. 3 berechtigt.

§ 2208 BGB Beschränkung der Rechte des Testamentsvollstreckers, Ausführung durch den Erben

(1) Der Testamentsvollstrecker hat die in den §§ 2203 bis 2206 bestimmten Rechte nicht, soweit anzunehmen ist, dass sie ihm nach dem Willen des Erblassers nicht zustehen sollen. Unterliegen der

Verwaltung des Testamentsvollstreckers nur einzelne Nachlassgegenstände, so stehen ihm die im § 2205 S. 2 bestimmten Befugnisse nur in Ansehung dieser Gegenstände zu.

(2) Hat der Testamentsvollstrecker Verfügungen des Erblassers nicht selbst zur Ausführung zu bringen, so kann er die Ausführung von dem Erben verlangen, sofern nicht ein anderer Wille des Erblassers anzunehmen ist.

§ 2209 BGB Dauervollstreckung

Der Erblasser kann einem Testamentsvollstrecker die Verwaltung des Nachlasses übertragen, ohne ihm andere Aufgaben als die Verwaltung zuzuweisen; er kann auch anordnen, dass der Testamentsvollstrecker die Verwaltung nach der Erledigung der ihm sonst zugewiesenen Aufgaben fortzuführen hat. Im Zweifel ist anzunehmen, dass einem solchen Testamentsvollstrecker die in § 2207 bezeichnete Ermächtigung erteilt ist.

§ 2210 BGB Dreißigjährige Frist für die Dauervollstreckung

Eine nach § 2209 getroffene Anordnung wird unwirksam, wenn seit dem Erbfall 30 Jahre verstrichen sind. Der Erblasser kann jedoch anordnen, dass die Verwaltung bis zum Tod des Erben oder des Testamentsvollstreckers oder bis zum Eintritt eines anderen Ereignisses in der Person des einen oder des anderen fortdauern soll. Die Vorschrift des § 2163 Abs. 2 findet entsprechende Anwendung.

§ 2211 BGB Verfügungsbeschränkung des Erben

(1) Über einen der Verwaltung des Testamentsvollstreckers unterliegenden Nachlassgegenstand kann der Erbe nicht verfügen.

(2) Die Vorschriften zugunsten derjenigen, welche Rechte von einem Nichtberechtigten herleiten, finden entsprechende Anwendung.

§ 2212 BGB Gerichtliche Geltendmachung von der Testamentsvollstreckung unterliegenden Rechten

Ein der Verwaltung des Testamentsvollstreckers unterliegendes Recht kann nur von dem Testamentsvollstrecker gerichtlich geltend gemacht werden.

§ 2213 BGB Gerichtliche Geltendmachung von Ansprüchen gegen den Nachlass

(1) Ein Anspruch, der sich gegen den Nachlass richtet, kann sowohl gegen den Erben als gegen den Testamentsvollstrecker gerichtlich geltend gemacht werden. Steht dem Testamentsvollstrecker nicht die Verwaltung des Nachlasses zu, so ist die Geltendmachung nur gegen den Erben zulässig. Ein Pflichtteilsanspruch kann, auch wenn dem Testamentsvollstrecker die Verwaltung des Nachlasses zusteht, nur gegen den Erben geltend gemacht werden.

(2) Die Vorschrift des § 1958 findet auf den Testamentsvollstrecker keine Anwendung.

(3) Ein Nachlassgläubiger, der seinen Anspruch gegen den Erben geltend macht, kann den Anspruch auch gegen den Testamentsvollstrecker dahin geltend machen, dass dieser die Zwangsvollstreckung in die seiner Verwaltung unterliegenden Nachlassgegenstände dulde.

§ 2214 BGB Gläubiger des Erben

Gläubiger des Erben, die nicht zu den Nachlassgläubigern gehören, können sich nicht an die der Verwaltung des Testamentsvollstreckers unterliegenden Nachlassgegenstände halten.

§ 2215 BGB Nachlassverzeichnis

(1) Der Testamentsvollstrecker hat dem Erben unverzüglich nach der Annahme des Amts ein Verzeichnis der seiner Verwaltung unterliegenden Nachlassgegenstände und der bekannten Nachlassverbindlichkeiten mitzuteilen und ihm die zur Aufnahme des Inventars sonst erforderliche Beihilfe zu leisten.

(2) Das Verzeichnis ist mit der Angabe des Tages der Aufnahme zu versehen und von dem Testamentsvollstrecker zu unterzeichnen; der Testamentsvollstrecker hat auf Verlangen die Unterzeichnung öffentlich beglaubigen zu lassen.

(3) Der Erbe kann verlangen, dass er bei der Aufnahme des Verzeichnisses zugezogen wird.

(4) Der Testamentsvollstrecker ist berechtigt und auf Verlangen des Erben verpflichtet, das Verzeichnis durch die zuständige Behörde

oder durch einen zuständigen Beamten oder Notar aufnehmen zu lassen.

(5) Die Kosten der Aufnahme und der Beglaubigung fallen dem Nachlass zur Last.

§ 2216 BGB Ordnungsmäßige Verwaltung des Nachlasses, Befolgung von Anordnungen

(1) Der Testamentsvollstrecker ist zur ordnungsmäßigen Verwaltung des Nachlasses verpflichtet.

(2) Anordnungen, die der Erblasser für die Verwaltung durch letztwillige Verfügung getroffen hat, sind von dem Testamentsvollstrecker zu befolgen. Sie können jedoch auf Antrag des Testamentsvollstreckers oder eines anderen Beteiligten von dem Nachlassgericht außer Kraft gesetzt werden, wenn ihre Befolgung den Nachlass erheblich gefährden würde. Das Gericht soll vor der Entscheidung, soweit tunlich, die Beteiligten hören.

§ 2217 BGB Überlassung von Nachlassgegenständen

(1) Der Testamentsvollstrecker hat Nachlassgegenstände, deren er zur Erfüllung seiner Obliegenheiten offenbar nicht bedarf, dem Erben auf Verlangen zur freien Verfügung zu überlassen. Mit der Überlassung erlischt sein Recht zur Verwaltung der Gegenstände.

(2) Wegen Nachlassverbindlichkeiten, die nicht auf einem Vermächtnis oder einer Auflage beruhen, sowie wegen bedingter und betagter Vermächtnisse oder Auflagen kann der Testamentsvollstrecker die Überlassung der Gegenstände nicht verweigern, wenn der Erbe für die Berichtigung der Verbindlichkeiten oder für die Vollziehung der Vermächtnisse oder Auflagen Sicherheit leistet.

§ 2218 BGB Rechtsverhältnis zum Erben; Rechnungslegung

(1) Auf das Rechtsverhältnis zwischen dem Testamentsvollstrecker und dem Erben finden die für den Auftrag geltenden Vorschriften der §§ 664, 666 bis 668, 670, des § 673 S. 2 und des § 674 entsprechende Anwendung.

(2) Bei einer länger dauernden Verwaltung kann der Erbe jährlich Rechnungslegung verlangen.

§ 2219 BGB Haftung des Testamentsvollstreckers

(1) Verletzt der Testamentsvollstrecker die ihm obliegenden Verpflichtungen, so ist er, wenn ihm ein Verschulden zur Last fällt, für den daraus entstehenden Schaden dem Erben und, soweit ein Vermächtnis zu vollziehen ist, auch dem Vermächtnisnehmer verantwortlich.

(2) Mehrere Testamentsvollstrecker, denen ein Verschulden zur Last fällt, haften als Gesamtschuldner.

§ 2220 BGB Zwingendes Recht

Der Erblasser kann den Testamentsvollstrecker nicht von den ihm nach den §§ 2215, 2216, 2218, 2219 obliegenden Verpflichtungen befreien.

§ 2221 BGB Vergütung des Testamentsvollstreckers

Der Testamentsvollstrecker kann für die Führung seines Amts eine angemessene Vergütung verlangen, sofern nicht der Erblasser ein anderes bestimmt hat.

§ 2222 BGB Nacherbenvollstrecker

Der Erblasser kann einen Testamentsvollstrecker auch zu dem Zwecke ernennen, dass dieser bis zu dem Eintritt einer angeordneten Nacherbfolge die Rechte des Nacherben ausübt und dessen Pflichten erfüllt.

§ 2223 BGB Vermächtnisvollstrecker

Der Erblasser kann einen Testamentsvollstrecker auch zu dem Zwecke ernennen, dass dieser für die Ausführung der einem Vermächtnisnehmer auferlegten Beschwerungen sorgt.

§ 2224 BGB Mehrere Testamentsvollstrecker

(1) Mehrere Testamentsvollstrecker führen das Amt gemeinschaftlich; bei einer Meinungsverschiedenheit entscheidet das Nachlassgericht. Fällt einer von ihnen weg, so führen die übrigen das Amt allein. Der Erblasser kann abweichende Anordnungen treffen.

(2) Jeder Testamentsvollstrecker ist berechtigt, ohne Zustimmung der anderen Testamentsvollstrecker diejenigen Maßregeln zu treffen,

welche zur Erhaltung eines der gemeinschaftlichen Verwaltung unterliegenden Nachlassgegenstands notwendig sind.

§ 2225 BGB Erlöschen des Amts des Testamentsvollstreckers

Das Amt des Testamentsvollstreckers erlischt, wenn er stirbt oder wenn ein Fall eintritt, in welchem die Ernennung nach § 2201 unwirksam sein würde.

§ 2226 BGB Kündigung durch den Testamentsvollstrecker

Der Testamentsvollstrecker kann das Amt jederzeit kündigen. Die Kündigung erfolgt durch Erklärung gegenüber dem Nachlassgericht. Die Vorschrift des § 671 Abs. 2, 3 findet entsprechende Anwendung.

§ 2227 BGB Entlassung des Testamentsvollstreckers

Das Nachlassgericht kann den Testamentsvollstrecker auf Antrag eines der Beteiligten entlassen, wenn ein wichtiger Grund vorliegt; ein solcher Grund ist insbesondere grobe Pflichtverletzung oder Unfähigkeit zur ordnungsmäßigen Geschäftsführung.

§ 2228 BGB Akteneinsicht

Das Nachlassgericht hat die Einsicht der nach § 2198 Abs. 1 S. 2, § 2199 Abs. 3, § 2202 Abs. 2, § 2226 S. 2 abgegebenen Erklärungen jedem zu gestatten, der ein rechtliches Interesse glaubhaft macht.

§ 2364 BGB Angabe des Testamentsvollstreckers im Erbschein, Herausgabeanspruch des Testamentsvollstreckers

(1) Hat der Erblasser einen Testamentsvollstrecker ernannt, so ist die Ernennung in dem Erbschein anzugeben.

(2) Dem Testamentsvollstrecker steht das in § 2362 Abs. 1 bestimmte Recht zu.

§ 2368 BGB Testamentsvollstreckerzeugnis

(1) Einem Testamentsvollstrecker hat das Nachlassgericht auf Antrag ein Zeugnis über die Ernennung zu erteilen. Ist der Testamentsvollstrecker in der Verwaltung des Nachlasses beschränkt oder hat der Erblasser angeordnet, dass der Testamentsvollstrecker in der Eingehung von Verbindlichkeiten für den Nachlass nicht beschränkt sein soll, so ist dies in dem Zeugnis anzugeben.

(2) (weggefallen)

(3) Die Vorschriften über den Erbschein finden auf das Zeugnis entsprechende Anwendung; mit der Beendigung des Amts des Testamentsvollstreckers wird das Zeugnis kraftlos.

Gesetz über das Verfahren in Familiensachen und in den Angelegenheiten der freiwilligen Gerichtsbarkeit (FamFG)

§ 343 FamFG Örtliche Zuständigkeit

(1) Örtlich zuständig ist das Gericht, in dessen Bezirk der Erblasser im Zeitpunkt seines Todes seinen gewöhnlichen Aufenthalt hatte.

(2) Hatte der Erblasser im Zeitpunkt seines Todes keinen gewöhnlichen Aufenthalt im Inland, ist das Gericht zuständig, in dessen Bezirk der Erblasser seinen letzten gewöhnlichen Aufenthalt im Inland hatte.

(3) Ist eine Zuständigkeit nach den Absätzen 1 und 2 nicht gegeben, ist das Amtsgericht Schöneberg in Berlin zuständig, wenn der Erblasser Deutscher ist oder sich Nachlassgegenstände im Inland befinden. Das Amtsgericht Schöneberg in Berlin kann die Sache aus wichtigem Grund an ein anderes Nachlassgericht verweisen.

§ 345 FamFG Beteiligte

(1) In Verfahren auf Erteilung eines Erbscheins ist Beteiligter der Antragsteller. Ferner können als Beteiligte hinzugezogen werden:

1. die gesetzlichen Erben,
2. diejenigen, die nach dem Inhalt einer vorliegenden Verfügung von Todes wegen als Erben in Betracht kommen,
3. die Gegner des Antragstellers, wenn ein Rechtsstreit über das Erbrecht anhängig ist,
4. diejenigen, die im Fall der Unwirksamkeit der Verfügung von Todes wegen Erbe sein würden, sowie
5. alle Übrigen, deren Recht am Nachlass durch das Verfahren unmittelbar betroffen wird.

Auf ihren Antrag sind sie hinzuzuziehen.

(2) Absatz 1 gilt entsprechend für die Erteilung eines Zeugnisses nach § 1507 des Bürgerlichen Gesetzbuchs oder nach den §§ 36 und 37 der Grundbuchordnung sowie den §§ 42 und 74 der Schiffsregisterordnung.

(3) Im Verfahren zur Ernennung eines Testamentsvollstreckers und zur Erteilung eines Testamentsvollstreckerzeugnisses ist Beteiligter der Testamentsvollstrecker. Das Gericht kann als Beteiligte hinzuziehen:

1. die Erben,
2. den Mitvollstrecker.

Auf ihren Antrag sind sie hinzuzuziehen.

(4) In den sonstigen auf Antrag durchzuführenden Nachlassverfahren sind als Beteiligte hinzuzuziehen in Verfahren betreffend

1. eine Nachlasspflegschaft oder eine Nachlassverwaltung der Nachlasspfleger oder Nachlassverwalter;
2. die Entlassung eines Testamentsvollstreckers der Testamentsvollstrecker;
3. die Bestimmung erbrechtlicher Fristen derjenige, dem die Frist bestimmt wird;
4. die Bestimmung oder Verlängerung einer Inventarfrist der Erbe, dem die Frist bestimmt wird, sowie im Fall des § 2008 des Bürgerlichen Gesetzbuchs dessen Ehegatte oder Lebenspartner;
5. die Abnahme einer eidesstattlichen Versicherung derjenige, der die eidesstattliche Versicherung abzugeben hat, sowie im Fall des § 2008 des Bürgerlichen Gesetzbuchs dessen Ehegatte oder Lebenspartner.

Das Gericht kann alle Übrigen, deren Recht durch das Verfahren unmittelbar betroffen wird, als Beteiligte hinzuziehen. Auf ihren Antrag sind sie hinzuzuziehen.

§ 352 FamFG Angaben im Antrag auf Erteilung eines Erbscheins; Nachweis der Richtigkeit

(1) Wer die Erteilung eines Erbscheins als gesetzlicher Erbe beantragt, hat anzugeben

1. den Zeitpunkt des Todes des Erblassers,

2. den letzten gewöhnlichen Aufenthalt und die Staatsangehörigkeit des Erblassers,

3. das Verhältnis, auf dem sein Erbrecht beruht,

4. ob und welche Personen vorhanden sind oder vorhanden waren, durch die er von der Erbfolge ausgeschlossen oder sein Erbteil gemindert werden würde,

5. ob und welche Verfügungen des Erblassers von Todes wegen vorhanden sind,

6. ob ein Rechtsstreit über sein Erbrecht anhängig ist,

7. dass er die Erbschaft angenommen hat,

8. die Größe seines Erbteils.

Ist eine Person weggefallen, durch die der Antragsteller von der Erbfolge ausgeschlossen oder sein Erbteil gemindert werden würde, so hat der Antragsteller anzugeben, in welcher Weise die Person weggefallen ist.

(2) Wer die Erteilung des Erbscheins auf Grund einer Verfügung von Todes wegen beantragt, hat

1. die Verfügung zu bezeichnen, auf der sein Erbrecht beruht,

2. anzugeben, ob und welche sonstigen Verfügungen des Erblassers von Todes wegen vorhanden sind, und

3. die in Absatz 1 Satz 1 Nummer 1, 2 und 6 bis 8 sowie Satz 2 vorgeschriebenen Angaben zu machen.

(3) Der Antragsteller hat die Richtigkeit der Angaben nach Absatz 1 Satz 1 Nummer 1 und 3 sowie Satz 2 durch öffentliche Urkunden nachzuweisen und im Fall des Absatzes 2 die Urkunde vorzulegen, auf der sein Erbrecht beruht. Sind die Urkunden nicht oder nur mit unverhältnismäßigen Schwierigkeiten zu beschaffen, so genügt die Angabe anderer Beweismittel. Zum Nachweis, dass der Erblasser zur Zeit seines Todes im Güterstand der Zugewinngemeinschaft gelebt hat, und zum Nachweis der übrigen nach den Absätzen 1 und 2 erforderlichen Angaben hat der Antragsteller vor Gericht oder vor einem Notar an Eides statt zu versichern, dass ihm nichts bekannt sei, was der Richtigkeit seiner Angaben entgegensteht. Das Nachlass-

gericht kann dem Antragsteller die Versicherung erlassen, wenn es sie für nicht erforderlich hält.

§ 353 FamFG Einziehung oder Kraftloserklärung von Erbscheinen

(1) Kann der Erbschein im Verfahren über die Einziehung nicht sofort erlangt werden, so hat ihn das Nachlassgericht durch Beschluss für kraftlos zu erklären. Der Beschluss ist entsprechend § 435 öffentlich bekannt zu machen. Mit Ablauf eines Monats nach Veröffentlichung im Bundesanzeiger wird die Kraftloserklärung wirksam. Nach Veröffentlichung des Beschlusses kann dieser nicht mehr angefochten werden.

(2) In Verfahren über die Einziehung oder Kraftloserklärung eines Erbscheins hat das Gericht über die Kosten des Verfahrens zu entscheiden. Die Kostenentscheidung soll zugleich mit der Endentscheidung ergehen.

(3) Ist der Erbschein bereits eingezogen, ist die Beschwerde gegen den Einziehungsbeschluss nur insoweit zulässig, als die Erteilung eines neuen gleichlautenden Erbscheins beantragt wird. Die Beschwerde gilt im Zweifel als Antrag auf Erteilung eines neuen gleichlautenden Erbscheins.

§ 354 FamFG Sonstige Zeugnisse

(1) Die §§ 352 bis 353 gelten entsprechend für die Erteilung von Zeugnissen nach den §§ 1507 und 2368 des Bürgerlichen Gesetzbuchs, den §§ 36 und 37 der Grundbuchordnung sowie den §§ 42 und 74 der Schiffsregisterordnung.

(2) Ist der Testamentsvollstrecker in der Verwaltung des Nachlasses beschränkt oder hat der Erblasser angeordnet, dass der Testamentsvollstrecker in der Eingehung von Verbindlichkeiten für den Nachlass nicht beschränkt sein soll, so ist dies in dem Zeugnis nach § 2368 des Bürgerlichen Gesetzbuchs anzugeben.

§ 355 FamFG Testamentsvollstreckung

(1) Ein Beschluss, durch den das Nachlassgericht einem Dritten eine Frist zur Erklärung nach § 2198 Abs. 2 des Bürgerlichen Gesetzbuchs oder einer zum Testamentsvollstrecker ernannten Person eine Frist zur Annahme des Amtes bestimmt, ist mit der sofortigen Be-

schwerde in entsprechender Anwendung der §§ 567 bis 572 der Zivilprozessordnung anfechtbar.

(2) Auf einen Beschluss, durch den das Gericht bei einer Meinungsverschiedenheit zwischen mehreren Testamentsvollstreckern über die Vornahme eines Rechtsgeschäfts entscheidet, ist § 40 Abs. 3 entsprechend anzuwenden; die Beschwerde ist binnen einer Frist von zwei Wochen einzulegen.

(3) Führen mehrere Testamentsvollstrecker das Amt gemeinschaftlich, steht die Beschwerde gegen einen Beschluss, durch den das Gericht Anordnungen des Erblassers für die Verwaltung des Nachlasses außer Kraft setzt, sowie gegen einen Beschluss, durch den das Gericht über Meinungsverschiedenheiten zwischen den Testamentsvollstreckern entscheidet, jedem Testamentsvollstrecker selbständig zu.

II. Muster „Nachlassverzeichnis"

Nachlassverzeichnis

über den Nachlass des / der am......

verstorbenen......

zur Vorlage für die Erben

erstellt zum Stichtag......, dem Tag der Annahme des Amtes des Testamentsvollstreckers

Tag der Aufnahme:......

A. Nachlassmasse – Aktiva	Wert (alle Angaben in €)
1. Grundbesitz (Ort, Lage, Nutzungsart und Bebauung, grundbuchliche Bezeichnung)	
Anteil daran (z. B. 1/2, 1/3)	
Verzeichnis der Mieter und Pächter (Angabe der Namen, der Wohnung, der Höhe und Fälligkeit des Miet- oder Pachtzinses und etwaiger Rückstände)	
2. Erwerbsgeschäft (genaue Bezeichnung des Betriebes, Anteil)	

A. Nachlassmasse – Aktiva	Wert (alle Angaben in €)
a) bei gewerblichen Betrieben – Bilanz zum Todestage ist beizufügen – aa) der Geschäftseinrichtung bb) des Warenlagers cc) des Kundschaftswertes (Goodwill) und ähnliches	
b) bei landwirtschaftlichen Betrieben aa) der zum Verkauf bestimmten Erntevorräte bb) der Maschinen cc) des Viehs	
3. Gegenstände des persönlichen Gebrauchs	
4. Kunstgegenstände, Schmucksachen, Ringe, Gold- und Silbersachen, Sammlungen	
5. Haus- und Küchengeräte, namentlich Möbel, Bilder (soweit nicht unter Abschn. 1 Nr. 4), Uhren, Vorhänge, Teppiche, Spiegel, Lampen, Porzellan, Gläser, Kühlschränke, Waschmaschinen, Wäsche, Betten (bei Haushaltsgegenständen genügt die Angabe des Gesamtwertes)	
6. Kraftfahrzeuge (Kennzeichen, Marke, Baujahr), Fahrräder	
7. Bargeld	
aus Portemonnaie	
8. Wertpapiere, Anteile, Genussscheine und dgl., Bezeichnung und Kurswert(Kurswertberechnung der Bank beifügen)	
9. Bank-, Sparkassen- und Postsparguthaben, sonstige Guthaben, Postscheckkonten(Nr. des Kontos, Name und Sitz der Sparkasse, Bank usw. angeben)	
10. Ausstehende Forderungen, namentlich Hypotheken-, Grund- und Rentenschuldforderungen, Forderungen aus Kauf- und Darlehensverträgen, Rentenforderungen, Forderungen aus Pacht und Mietverträgen, Einlagen als stiller Gesellschafter – unter Angabe der vollständigen Anschrift des Schuldners sowie bei eingetragenen Forderungen der Grundbuchbezeichnung. Höhe und Fälligkeit der laufenden Zinsen? Rückstände?	
11. Forderungen aus Versicherungsverträgen, soweit sie zum Nachlass gehören (die Forderung gehört nicht zum Nachlass, wenn die Versicherung zugunsten einer bestimmten Person abgeschlossen wurde) – Nähere Bezeichnung	
12. Beteiligung an einer Gesamthand, z. B. Erbengemeinschaft (besonderes Verzeichnis beifügen), sonstige Sachen und Rechte (hier namentlich Beteiligungen an Gesellschaften oder Genossenschaften, Erbbaurechte, Wohnungseigentum – mit Grundbuchbezeichnung – angeben), auch Verlags-, Patent- und Urheberrechte.	
13. Forderungen aus dem Lastenausgleich	
14. Sonstige Forderungen	

A. Nachlassmasse – Aktiva	Wert (alle Angaben in €)
Zwischensumme Aktiva:	
B. Nachlassverbindlichkeiten – Passiva (mit Namen der Gläubiger)	
1. Hypotheken, Grundschulden, Rentenschulden oder Reallasten, die auf einem zum Nachlass gehörenden Grundstück eingetragen sind (Grundbuchbezeichnung, Höhe und Fälligkeit der laufenden Zinsen und rückständigen Zinsen bis zum Todestage angeben). Bei Tilgungshypotheken ist nur der zu zahlende Restbetrag des Kapitals einzusetzen, bei Grundschulden nur die tatsächliche Valutierung.	
2. Hypothekengewinnabgabe	
3. Vermögensabgabe	
a) Vierteljahresbetrag b) Rückstände	
4. Steuerrückstände	
5. Geschäfts-, landwirtschaftliche Betriebsschulden unter Angabe des Zinssatzes und des Schuldgrundes	
6. Sonstige Verbindlichkeiten, z. B. Darlehen usw. unter Angabe des Zinssatzes und des Schuldgrundes	
7. Krankheits- und Arztkosten, welche am Todestag noch nicht bezahlt waren, soweit sie nicht von einem anderen, insbesondere einer Krankenkasse ersetzt werden.	
8. Rückzahlung an gewährter Sozialhilfe	
9. Sonstige Nachlassverbindlichkeiten	
a) Wert der Vermächtnisse	
b) Wert der Auflagen	
c) Wert der Pflichtteilsansprüche	
d) Ausgleichsansprüche des überlebenden Ehegatten nach § 1371 Abs. 2 BGB	
e) Ausbildungsanspruch von Stiefkindern, § 1371 Abs. 4 BGB	
f) Unterhaltsanspruch geschiedener Ehegatten	
g) Unterhaltsanspruch der werdenden Mutter	
Zwischensumme Passiva:	

A. Nachlassmasse – Aktiva	Wert (alle Angaben in €)
Verbindlichkeiten, die durch den Todesfall entstanden sind	
Kosten der Bestattung; Beerdigungskosten, Ausgaben für die Errichtung eines Grabsteines, Trauerkleidung usw., soweit sie nicht von einem anderen, insbesondere einer Kranken- oder Sterbekasse ersetzt werden. (Nähere Bezeichnung und Angabe der einzelnen Beträge)	
Kosten für Testamentseröffnung, Nachlasssicherung und Verwaltung	
Testamentsvollstreckerhonorar	
Erbschaftsteuer	
Zwischensumme Erbfallkosten	
Aktiva abzüglich Passiva und Erbfallkosten	
Das obige Nachlassverzeichnis entspricht dem Nachlassbestand vom...... Bisher wurden keine Veränderungen zwischen dem Nachlassbestand zum Zeitpunkt des Erbfalls am...... und dem Zeitpunkt der Errichtung des Verzeichnisses festgestellt. Sollten Ihnen weitere Nachlassgegenstände bekannt sein oder sonstige Veränderungen, so bitte ich Sie, mir dies umgehend mitzuteilen.	
Ort, Datum Unterschrift	

III. Vergütungsempfehlungen des Deutschen Notarvereins

I. Vergütungsgrundbetrag

Der Vergütungsgrundbetrag deckt die einfache Testamentsvollstreckung (normale Verhältnisse, glatte Abwicklung) ab, d. h. die Nachlassverwaltung bis zur Abwicklung der erbschaftsteuerlichen Fragen, einschließlich der Überleitung des Nachlasses auf einen Nachfolger als Testamentsvollstrecker oder der Freigabe des Nachlasses an die Erben. Die Bemessungsgrundlage für den Vergütungsgrundbetrag ist der am Todestag des Erblassers bestehende Bruttowert des Nachlasses. Verbindlichkeiten sind nur dann vom Bruttowert des Nachlasses abzuziehen, wenn der Testamentsvollstrecker nicht mit den Verbindlichkeiten befasst ist.

Höhe des Vergütungsgrundbetrages (vorbehaltlich einer zu gegebener Zeit vorzunehmenden Anpassung an die Preisentwicklung):

bis 250.000 Euro	4,0 %,
bis 500.000 Euro	3,0 %,
bis 2.500.000 Euro	2,5 %,
bis 5.000.000 Euro	2,0 %,
über 5.000.000 Euro	1,5 %,

mindestens aber der höchste Betrag der Vorstufe. Beispiel: Bei einem Nachlass von 260 000 Euro beträgt der Grundbetrag nicht 7 800 Euro (= 3,0 % aus 260 000 Euro), sondern 10 000 Euro (= 4 % aus 250 000 Euro).

Bei Nacherbentestamentsvollstreckung oder bloß beaufsichtigender Testamentsvollstreckung erhält der Testamentsvollstrecker wegen der dann geringeren Belastung anstelle des vollen Grundbetrages 2/10 bis 5/10 des Grundbetrages.

Besteht die Aufgabe des Testamentsvollstreckers lediglich in der Erfüllung von Vermächtnissen, so erhält er nur den Vergütungsgrundbetrag, welcher sich nach dem Wert der Vermächtnisgegenstände bemisst.

Der Vergütungsgrundbetrag ist zur Hälfte nach Abschluss der Konstituierung und im Übrigen mit Abschluss der Erbschaftsteuerveranlagung bzw. Abschluss der Tätigkeit fällig.

II. Zuschläge zum Vergütungsgrundbetrag bei Abwicklungsvollstreckung

1. Die Entlastung des Testamentsvollstreckers durch die Hinzuziehung externer Sachverständiger (z. B. Rechtsanwälte, Steuerberater) ist bei Bemessung der Zuschläge angemessen zu berücksichtigen. Die Zuschläge sind, wenn nachfolgend nichts anderes vorgesehen ist, jeweils fällig, wenn die betreffende Tätigkeit beendet ist. Bei der Bemessung der Zuschläge ist mangels besonderer Anhaltspunkte vom Mittelwert der Spanne auszugehen.

a) **Aufwändige Grundtätigkeit:** Zuschlag von 2/10 bis 10/10 des Vergütungsgrundbetrages, wenn die Konstituierung des Nachlasses aufwendiger als im Normalfall ist, etwa durch besondere Maßnahmen zur Ermittlung, Sichtung und Inbesitznahme des Nachlasses, Erstellung eines Nachlassverzeichnisses, Bewertung des Nachlasses, Regelung von Nachlassverbindlichkeiten einschließlich inländischer

Erbschaftsteuer. Normalfall: aus Bargeld, Wertpapierdepot oder Renditeimmobilie zusammengesetzter Nachlass, der z. B. durch bloßes Einholen von Kontoauszügen, Grundbucheinsichten und Sichtung von Mietverträgen konstituiert ist.

b) Auseinandersetzung: Zuschlag von 2/10 bis 10/10 des Vergütungsgrundbetrages, wenn der Nachlass auseinander zu setzen ist (Aufstellung eines Teilungsplans und dessen Vollzug) oder Vermächtnisse zu erfüllen sind. Der Zuschlag ist mit der zweiten Hälfte des Vergütungsgrundbetrages fällig.

c) Komplexe Nachlassverwaltung: Zuschlag von 2/10 bis 10/10 des Vergütungsgrundbetrages bei komplexem Nachlass, d. h. für aus der Zusammensetzung des Nachlasses resultierende Schwierigkeiten seiner Verwaltung, z. B. bei Auslandsvermögen, Gesellschaftsbeteiligung, Beteiligung an Erbengemeinschaft, im Bau befindlicher oder anderer Problemimmobilie, hohen oder verstreuten Schulden, Rechtsstreitigkeiten, Besonderheiten im Hinblick auf die Beteiligten (z. B. Minderjährige, Pflichtteilsberechtigte, Erben mit Wohnsitz im Ausland). Zusammen mit dem Zuschlag gemäß d) in der Regel nicht mehr als 15/10 des Vergütungsgrundbetrages. Der Zuschlag ist mit der zweiten Hälfte des Vergütungsgrundbetrages fällig.

d) Aufwändige oder schwierige Gestaltungsaufgaben: Zuschlag von 2/10 bis 10/10 des Vergütungsgrundbetrages für aufwändige oder schwierige Gestaltungsaufgaben im Vollzug der Testamentsvollstreckung, die über die bloße Abwicklung hinausgehen, z. B. Umstrukturierung, Umschuldung, Verwertung („Versilbern des Nachlasses", Verkäufe). Zusammen mit dem Zuschlag gemäß c) in der Regel nicht mehr als 15/10 des Vergütungsgrundbetrages. Der Zuschlag ist mit der zweiten Hälfte des Vergütungsgrundbetrages fällig.

e) Steuerangelegenheiten: Zuschlag von 2/10 bis 10/10 des Vergütungsgrundbetrages für die Erledigung von Steuerangelegenheiten. Lit. a) umfasst nur die durch den Erbfall entstehenden inländischen Steuern (Erbschaftsteuer), nicht jedoch zuvor bereits entstandene oder danach entstehende Steuern oder ausländische Steuerangelegenheiten (z. B. nachträgliche Bereinigung von Steuerangelegenheiten, Einkommensteuererklärungen). Bezieht sich die Steuerangelegenheit nur auf einzelne Nachlassgegenstände, ermittelt sich der Zuschlag nach deren Wert aus dem für den Gesamtnachlasswert einschlägigen Prozentsatz. Der Zuschlag ist bei Abschluss der Tätigkeit fällig.

2. Die Gesamtvergütung soll in der Regel insgesamt das Dreifache des Vergütungsgrundbetrages nicht überschreiten.

III. Dauertestamentsvollstreckung

Die Vergütung ist bei Dauervollstreckung zeitgleich in Teilbeträgen, die Dauer und Ausmaß der Tätigkeit entsprechen, fällig. Zusätzlich zu den Vergütungen nach I. und II. wird folgende Dauertestamentsvollstreckungsvergütung geschuldet:

1. Normalfall, d. h. Verwaltung über den Zeitpunkt der Erbschaftsteuerveranlagung hinaus: pro Jahr 1/3 bis 1/2 % des in diesem Jahr gegebenen Nachlassbruttowerts oder – wenn höher – 2 bis 4 % des jährlichen Nachlassbruttoertrags. Der Zusatzbetrag ist fällig nach Ablauf des üblichen Rechnungslegungszyklus, i. d. R. jährlich.

2. Testamentsvollstreckung über Geschäftsbetrieb/Unternehmen

a) Übernahme und Ausübung der Unternehmerstellung bei Personengesellschaften, ggf. im Wege der Vollrechtstreuhand (Eintragung des Testamentsvollstreckers im Handelsregister): 10 % des jährlichen Reingewinns.

b) Tätigkeit als Organ einer Kapitalgesellschaft, GmbH & Co KG, Stiftung & Co, bei Ermächtigungstreuhand oder Handeln als Bevollmächtigter der in ihre Rechte Eingesetzten: Branchenübliches Geschäftsführer- bzw. Vorstandsgehalt und branchenübliche Tantieme.

c) Lediglich beaufsichtigende Tätigkeit (Aufsichtsratsvorsitz, Beiratsvorsitz, Beteiligung mit Zwerganteil und der Bestimmung, dass der Testamentsvollstrecker nicht überstimmt werden darf, Weisungsunterwerfung der in ihre Rechte eingesetzten Erben): Branchenübliche Vergütung eines Aufsichtsratsvorsitzenden bzw. Beiratsvorsitzenden.

Die Vergütung ist mit branchenüblicher Fälligkeit solcher Zahlungen auszuzahlen.

3. Berufsdienste (z. B. von Rechtsanwalt, Steuerberater Wirtschaftsprüfer, Bank, Makler, Vermögensverwalter) werden gesondert vergütet.

4. Auslagenersatz: Auslagenersatz wie im Auftragsrecht.

IV. Umsatzsteuer

Die Umsatzsteuer ist in den vorgenannten Beträgen nicht enthalten.

V. Mehrere Testamentsvollstrecker

1. Parallele Tätigkeit

a) Bei gemeinschaftlicher Testamentsvollstreckung (ohne oder mit gleichwertiger Aufgabenverteilung im Innenverhältnis) ist die Vergütung nach Köpfen aufzuteilen.

b) Bei gemeinsamer Verantwortung der Testamentsvollstrecker nach außen, aber nicht gleichwertiger Geschäftsverteilung im Innenverhältnis ist die Vergütung angemessen unter Berücksichtigung der Aufgabenbereiche aufzuteilen.

c) Bei vom Erblasser angeordneter gegenständlicher Verteilung der Aufgaben im Außenverhältnis ist die Vergütung entsprechend der jeweiligen Verantwortung des Testamentsvollstreckers aufzuteilen.

2. Bei sukzessiver Tätigkeit erhält der Nachfolger die Vergütung nur für die Tätigkeit, die nicht bereits der Vorgänger abgeschlossen hat. Beispiel: Ist die Erbschaftsteuerveranlagung bereits erfolgt, so erhält der Nachfolger keinen Vergütungsgrundbetrag.

Sachverzeichnis

P

R

S

T